نكهات الصحة:
كتاب الطبخ قليل الدسم

100 طبق لذيذ لإرضاء ذوقك وتغذية جسمك

جاستن جونز

المؤشر العام

مقدمة

مرحبًا بكم في "نكهات الصحة: كتاب طبخ قليل الدسم". في عالم غالبًا ما تأتي فيه المأكولات الشهية مع جانب من الشعور بالذنب، فإن كتاب الطبخ هذا هو بوابتك لتذوق متعة الطعام دون أي تنازلات. هنا، نحتفل بفكرة أن الأكل الصحي يمكن أن يكون لذيذًا ومرضيًا.

في رحلتنا عبر هذه الصفحات، سنستكشف مفهوم الطبخ قليل الدسم كوسيلة لتغذية جسمك وإشباع ذوقك في نفس الوقت. لقد قمنا بعناية بإعداد مجموعة من الوصفات التي تقلل محتوى الدهون دون التضحية بالنكهة، حتى تتمكن من الاستمتاع بوجبات صحية دون القلق من السعرات الحرارية الزائدة. سواء كنت في رحلة للتخلص من بعض الوزن، أو الحفاظ على نمط حياة أكثر صحة، أو ببساطة تقدير فوائد اتباع نظام غذائي قليل الدهون، ستجد مجموعة متنوعة من الوصفات التي تناسب ذوقك وأهدافك الغذائية.

مهمتنا هي إثبات أن قليل الدسم لا يعني منخفض النكهة. ستكتشف طرقًا مبتكرة لإضفاء الأعشاب العطرية والتوابل النابضة بالحياة والمكونات الطازجة على أطباقك. من السلطات اللذيذة إلى الحساء الدافئ، ومن أطباق البروتين الخالية من الدهون إلى

الحلويات الخالية من الذنب، ستمكنك هذه الوصفات من اتخاذ خيارات مغذية دون المساس بالذوق

إفطار

فطور الشوفان

يخدم *1*

- • 1 كوب شوفان مطبوخ
- • 1 ملعقة صغيرة. من الأرضالكتانبذور
- • 1 ملعقة صغيرة. من بذور عباد الشمس
- • رشة من القرفة
- • نصف ملعقة صغيرة. من الكاكاو

a) قم بطهي دقيق الشوفان بالماء الساخن وبعد ذلك قم بخلط جميع المكونات.

b) قم بالتحلية إذا كان عليك ذلك ببضع قطرات من العسل الخام.

c) اختياري: يمكنك استبدال بذور عباد الشمس ببذور اليقطين أو بذور الشيا.

d) يمكنك إضافة حفنة من التوت الأزرق أو أي توت بدلا من الكاكاو.

وجبة الإفطار بالشوفان والزبادي

يخدم *1*

• 1/2 كوب شوفان جاف

• حفنة من التوت الأزرق (اختياري)

• 1 كوب من الزبادي قليل الدسم

a) امزج جميع المكونات وانتظر 20 دقيقة أو اتركها طوال الليل في الثلاجة في حالة استخدام الشوفان المقطع.

b) يخدم

دقيق الشوفان بالكاكاو

يخدم *1*

مكونات -

- • 1/2 كوب شـوفان
- • 2 كوب ماء
- • قرصة ملعقة صغيرة. ملح
- • 1/2 ملعقة صغيرة. أرضيفانيلافاصوليا
- • 2 ملعقة كبيرة. مسحوق الكاكاو
- • 1 ملعقة كبيرة. خامعسل
- • 2 ملعقة كبيرة. أرضيالكتانوجبة البذور
- • رشـة من القرفة
- • 2 بياض بيضة

تعليمات

a) في قدر على نار عالية، ضعي الشوفان والملح. يغطى بـ 3 أكواب ماء. يُغلى المزيج ويُطهى لمدة 3-5 دقائق مع التحريك من حين لآخر. استمر في إضافة نصف كوب من الماء إذا لزم الأمر مع تكثيف الخليط.

b) في وعاء منفصل، خفقت 4 ملاعق كبيرة. الماء في 4 ملاعق كبيرة. مسحوق الكاكاو للحصول على صلصة ناعمة. أضف الفانيليا إلى المقلاة وحركها.

c) خفض الحرارة إلى منخفضة. أضيفي بياض البيض واخفقي على الفور. أضيفي دقيق الكتان، والقرفة. حرك المزيج. يُرفع عن النار ويُضاف العسل الخام ويُقدم على الفور.

d) اقتراحات التزيين: شرائح الفراولة أو التوت أو القليل من اللوز.

الشوفان الليلي بالفانيليا والتوت

يخدم *1*

مكونات

- • 1/2 كوب شوفان
- • 1/3 كوب ماء
- • 1/4 كوب زبادي قليل الدسم
- • 1/2 ملعقة صغيرة. أرضيفانيلافاصوليا
- • 1 ملعقة كبيرة.الكتانوجبة البذور
- • قليل من الملح
- • التوت، اللوز، التوت الأسود، الخامعسللتتصدر

تعليمات

a) أضف المكونات (باستثناء الطبقة) إلى الوعاء في المساء. برد بين عشية وضحاها.

b) في الصباح، قومي بتحريك الخليط. يجب أن تكون سميكة. أضف الطبقة التي تختارها.

دقيق الشوفان التفاح

يخدم *1*

مكونات

- • 1 تفاحة مبشورة
- • 1/2 كوب شوفان
- • 1 كوب ماء
- • رشة من القرفة
- • 2 ملعقة صغيرة. خامعسل

تعليمات

a) اطهي الشوفان مع الماء لمدة 3-5 دقائق.

b) أضف التفاح المبشور والقرفة. ضجة في العسل الخام.

الشوفان بزبدة اللوز والموز

يخدم 1

مكونات

- • 1/2 كوب شوفان
- • 3/4 كوب ماء
- • 1 بياض بيضة
- • 1 موزة
- • 1 ملعقة كبيرة.الكتانوجبة البذور
- • 1 ملعقة صغيرة خامعسل
- • قرصة القرفة
- • 1/2 ملعقة كبيرة.لوزسمنة

تعليمات

a) الجمع بين الشوفان والماء في وعاء. اخفقي بياض البيض ثم اخفقيه مع الشوفان غير المطبوخ. تغلي على الموقد. تحقق من الاتساق واستمر في التسخين حسب الضرورة حتى يصبح الشوفان رقيقًا وسميكًا. اهرسي الموز وأضيفيه إلى الشوفان. الحرارة لمدة 1 دقيقة

b) يُضاف الكتان والعسل الخام والقرفة. قمة مع زبدة اللوز!

جوز الهند والرمان والشوفان

يخدم *1*

مكونات

- • 1/2 كوب شوفان
- • 1/3 كوب حليب جوز الهند
- • 1 كوب ماء
- • 2 ملعقة كبيرة. جوز الهند المبشور غير المحلى
- • 1-2 ملعقة كبيرة.الكتانوجبة البذور
- • 1 ملعقة كبيرة. خامعسل
- • 3 ملاعق كبيرة. بذور الرمان

تعليمات

a) يُطهى الشوفان مع حليب جوز الهند والماء والملح.

b) يُضاف جوز الهند والعسل الخام ووجبة بذور الكتان. يرش مع جوز الهند وبذور الرمان الإضافية.

قشرة بيتزا البيض

مكونات -

- • 3 بيضات
- • 1/2 كوب من دقيق جوز الهند
- • 1 كوب من حليب جوز الهند
- • 1 فص ثوم مطحون

a) امزج واصنع عجة.

b) يخدم

أومليت مع الخضار

يخدم *1*

مكونات -

- • 2 بيضة كبيرة
- • ملح
- • زفلفل أسود دائري
- • 1 ملعقة صغيرة.زيتونزيت أوكمونزيت
- • 1كوب سبانخ، طماطم كرزية وملعقة جبن زبادي
- • رقائق الفلفل الأحمر المطحون وقليل من الشبت

تعليمات

a) اخفقي 2 بيضة كبيرة في وعاء صغير. يتبل بالملح والفلفل الأسود المطحون ويترك جانباً. الحرارة 1 ملعقة صغيرة. زيت الزيتون في مقلاة متوسطة على نار متوسطة.

b) يُضاف السبانخ الصغيرة والطماطم والجبن ويُطهى مع التقليب حتى يذبل (حوالي دقيقة واحدة).

c) أضف البيض. يُطهى مع التحريك من حين لآخر حتى يتم ضبطه لمدة دقيقة واحدة تقريبًا. ضجة في الجبن.

d) يرش مع رقائق الفلفل الأحمر المطحون والشبت.

فطائر البيض

مكونات

التقديم: 8 مافن

- • 8 بيضات
- • 1 كوب فلفل أخضر حلو مقطع
- • 1 كوب بصل مقطع مكعبات
- • 1 كوب سبانخ
- • 1/4 ملعقة صغيرة. ملح
- • 1/8 ملعقة صغيرة. الفلفل الأسود المطحون
- • 2 ملعقة كبيرة. ماء

تعليمات

a) سخني الفرن إلى 350 درجة فهرنهايت. ادهني 8 أكواب من المافن.

b) فاز البيض معا.

c) اخلطي الفلفل الحلو والسبانخ والبصل والملح والفلفل الأسود والماء. نسكب الخليط في أكواب المافن.

d) تُخبز في الفرن حتى تنضج الكعك في المنتصف.

سمك السلمون المدخن والبيض المخفوق

مكوناتيخدم 2 -

- 1 ملعقة صغيرةجوزة الهندزيت
- 4 بيضات
- 1م.ك ماء
- 4 أوقية سلمون مدخن، مقطع إلى شرائح
- 1/2 أفوكادو
- الفلفل الأسود المطحون حسب الرغبة
- 4 ثوم معمر مفروم (أو استخدم 1 بصل أخضر، مقطع إلى شرائح رفيعة)

تعليمات

تسخين مقلاة على نار متوسطة.

a) أضف زيت جوز الهند إلى المقلاة عندما يكون ساخنًا.

b) في هذه الأثناء، البيض المخفوق. أضف البيض إلى المقلاة الساخنة، مع سمك السلمون المدخن. مع التحريك المستمر، قم بطهي البيض حتى يصبح طريًا ورقيقًا.

c) ازالة من الحرارة. ضعي فوقها الأفوكادو والفلفل الأسود والثوم المعمر للتقديم.

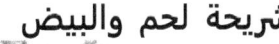

شريحة لحم والبيض

يخدم 2

مكونات -

- • 1/2 رطل من لحم البقر الخالي من العظم أو لحم الخنزير

- • 1/4 ملعقة صغيرة فلفل أسود مطحون

- • 1/4 ملعقة صغيرة ملح البحر (اختياري)

- • 2 ملعقة صغيرةجوزة الهندزيت

- • 1/4 بصلة، مقطعة إلى مكعبات

- • 1 حبة فلفل أحمر، مقطعة مكعبات

- • 1 حفنة سبانخ أو جرجير

- • 2 بيضة

تعليمات

قم بتتبيل شرائح اللحم أو لحم الخنزير المتن مع ملح البحر والفلفل الأسود. تسخين مقلاة سوتيه على نار عالية. أضيفي ملعقة صغيرة من زيت جوز الهند والبصل واللحم عندما تكون المقلاة ساخنة، واقليها حتى تنضج شريحة اللحم قليلاً.

a) أضيفي السبانخ والفلفل الأحمر، واطهيه حتى تنضج شريحة اللحم حسب رغبتك. في هذه الأثناء، سخني مقلاة صغيرة على نار متوسطة. أضيفي ما تبقى من زيت جوز الهند، واقلي بيضتين.

b) ضعي فوق كل شريحة لحم بيضة مقلية للتقديم.

خبز البيض

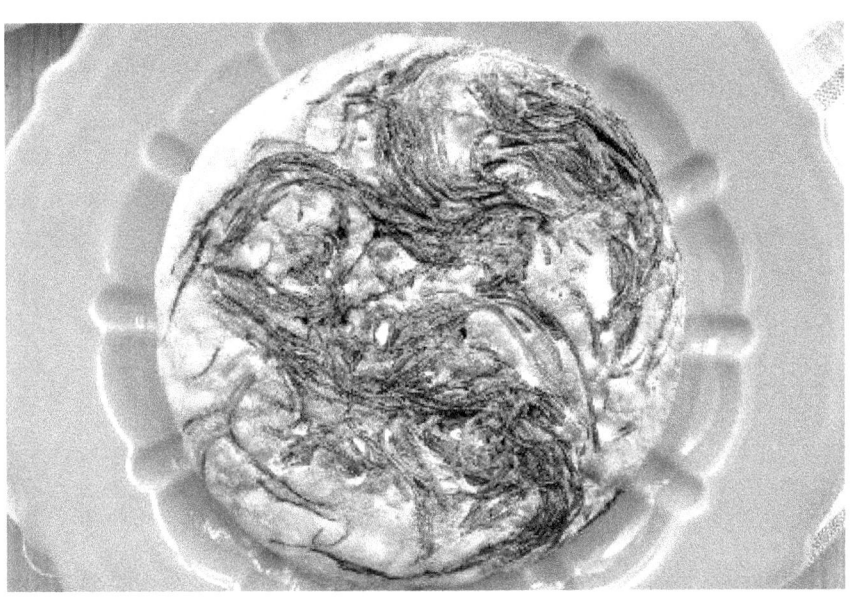

6 خدمات

مكونات -

- • 2 كوب فلفل أحمر أو سبانخ مقطع
- • 1 كوب كوسة
- • 2 ملعقة كبيرة.جوزة الهندزيت
- • 1 كوب فطر مقطع
- • 1/2 كوب بصل أخضر مقطع
- • 8 بيضات
- • 1 كوب حليب جوز الهند
- • 1/2 كوبلوزدقيق
- • 2 ملعقة كبيرة. البقدونس الطازج المفروم
- • 1/2 ملعقة صغيرة. الريحان المجفف
- • 1/2 ملعقة صغيرة. ملح
- • 1/4 ملعقة صغيرة. الفلفل الأسود المطحون

تعليمات

a) سخني الفرن إلى 350 درجة فهرنهايت. ضعي زيت جوز الهند في مقلاة. تسخينه إلى حرارة متوسطة. أضيفي الفطر والبصل والكوسا والفلفل الأحمر (أو السبانخ) حتى تنضج الخضروات لمدة 5 دقائق تقريبًا. صفي الخضار ووزعيها على طبق الخبز.

b) يخفق البيض في وعاء مع الحليب والدقيق والبقدونس والريحان والملح والفلفل. يُسكب خليط البيض في طبق الخبز.

c) تُخبز في فرن مسخن مسبقاً حتى ينضج المركز (حوالي 35 إلى 40 دقيقة).

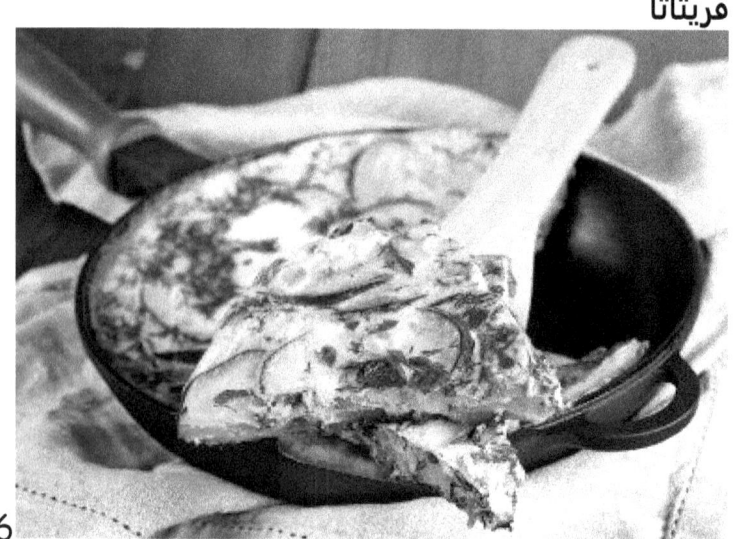

فريتاتا

حصص

مكونات-

- • 2 ملعقة كبيرة.زيتونزيت أوأفوكادوزيت
- • 1كوسة، مقطعة إلى شرائح
- • 1 كوب سبانخ طازجة ممزقة
- • 2 ملعقة كبيرة. شرائح البصل الأخضر
- • 1 ملعقة صغيرة. سحق الثوم، الملح والفلفل حسب الذوق
- • 1/3 كوب حليب جوز الهند
- • 6 بيضات

تعليمات

a) سخني زيت الزيتون في مقلاة على نار متوسطة. أضيفي الكوسة واطهيها حتى تنضج. اخلطي السبانخ والبصل الأخضر والثوم. يتبل بالملح والفلفل. استمر في الطهي حتى تذبل السبانخ.

b) في وعاء منفصل، اخفقي البيض وحليب جوز الهند معًا. تصب في المقلاة فوق الخضار. خففي الحرارة إلى درجة منخفضة، ثم غطيها واطهيها حتى يصبح البيض متماسكًا (من 5 إلى 7 دقائق).

نان / فطائر / كريب

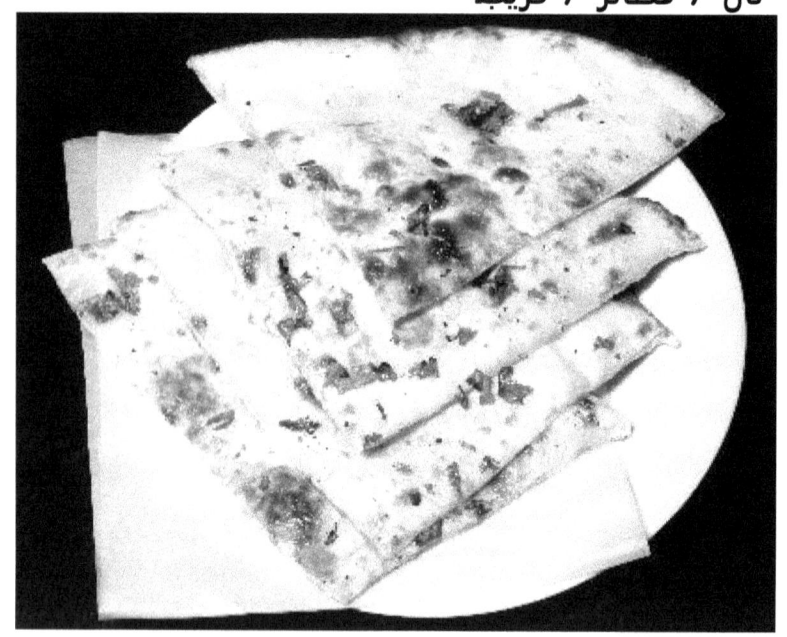

مكونات

- • 1/2 كوبلوزدقيق
- • 1/2 كوب دقيق التابيوكا
- • 1 كوب حليب جوز الهند
- • سبديل
- • جوزة الهندزيت

تعليمات

a) إخلط جميع المكونات معا.

b) تسخين المقلاة على نار متوسطة، ثم سكب العجينة بالسمك المطلوب. عندما تصبح العجينة متماسكة، اقلبيها لتطهى على الجانب الآخر.

c) إذا كنت تريد أن تكون كريب أو فطيرة حلوى، فاحذف الملح. يمكنك إضافة الثوم المفروم أو الزنجبيل إلى الخليط إذا أردت، أو بعض البهارات.

فطائر الكوسة

يخدم 3

مكونات

- ٠ 2 كوسة متوسطة
- ٠ 2 ملعقة كبيرة. بصل مفروم
- ٠ 3البيض المخفوق
- ٠ 6 إلى 8 ملاعق كبيرة.لوزدقيق
- ٠ 1 ملعقة صغيرة. ملح
- ٠ 1/2 ملعقة صغيرة. الفلفل الأسود المطحون
- ٠ جوزة الهندزيت

تعليمات

a) سخني الفرن إلى 300 درجة فهرنهايت.

b) ابشري الكوسة في وعاء وأضيفي إليها البصل والبيض. ضجة في 6 ملاعق كبيرة. من الدقيق والملح والفلفل.

c) سخني مقلاة كبيرة على نار متوسطة وأضيفي زيت جوز الهند في المقلاة. عندما يسخن الزيت، خفضي الحرارة إلى متوسطة - منخفضة وأضيفي الخليط إلى المقلاة. اطهي الفطائر لمدة دقيقتين على كل جانب حتى تنضج. ضع الفطائر في الفرن.

قشرة فطيرة لذيذة

مكونات

- • 11/4 كوب مسلوقلوزدقيق
- • 1/3 كوب دقيق التابيوكا
- • 3/4 ملعقة صغيرة. ملح البحر المطحون ناعماً
- • 3/4 ملعقة صغيرة. فلفل أحمر
- • 1/2 ملعقة صغيرة. الكمون المطحون
- • 1/8 ملعقة صغيرة. الفلفل الأبيض
- • 1/4 كوبجوزة الهندزيت
- • 1 بيضة كبيرة

تعليمات

a) ضع دقيق اللوز، ودقيق التابيوكا، وملح البحر، والفانيليا، والبيض، وسكر جوز الهند (إذا كنت تستخدم سكر جوز الهند) في وعاء معالج الطعام. عملية 2-3 مرات للجمع. أضف الزيت والعسل الخام (إذا كنت تستخدم العسل الخام) واخفقه بعدة نبضات مدتها ثانية واحدة ثم اترك محضر الطعام يعمل حتى يجتمع الخليط معًا. انقلي العجينة إلى ورقة تغليف بلاستيكية. لف العجين ثم اضغط عليه في قرص مقاس 9 بوصة. الثلاجة لمدة 30 دقيقة.

b) قم بإزالة الغلاف البلاستيكي. اضغطي العجينة على قاع وجوانب طبق فطيرة مقاس 9 بوصة بالزبدة. تجعيد حواف القشرة قليلاً. تبرد في الثلاجة لمدة 20 دقيقة. ضعي رف الفرن على الوضع الأوسط، ثم قومي بتسخين الفرن إلى درجة حرارة 375 درجة فهرنهايت. ضعيها في الفرن واخبزيها حتى يصبح لونها بنياً ذهبياً.

كيشي

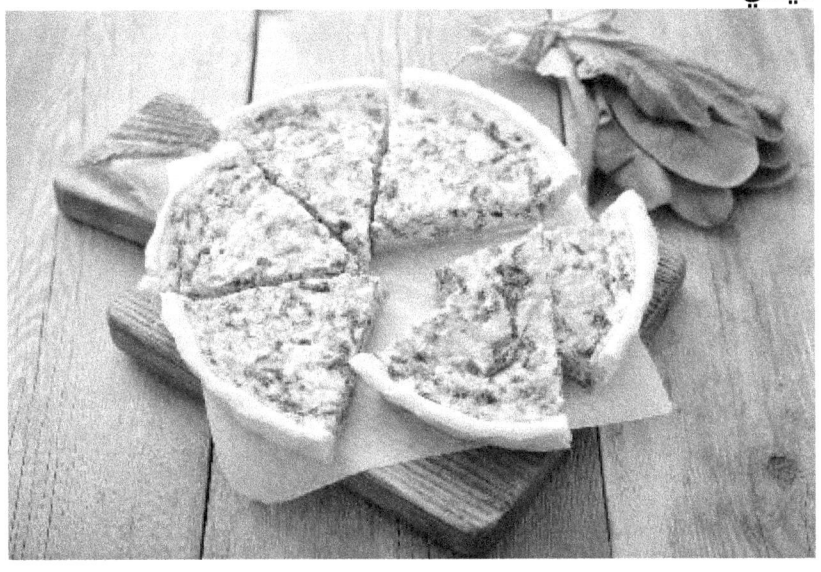

يخدم 2-3

مكونات -

- • 1 قشرة فطيرة مالحة مطبوخة ومبردة
- • 8 أونصات من السبانخ العضوية، مطبوخة ومصفاة
- • 6 أوقية لحم خنزير مقطع إلى مكعبات
- • 2 بصلة متوسطة الحجم، مقطعة إلى شرائح رفيعة ومقلية
- • 4 بيضات كبيرة
- • 1 كوب حليب جوز الهند
- • 3/4 ملعقة صغيرة. ملح
- • 1/4 ملعقة صغيرة. فلفل أسود مطحون طازجًا

تعليمات

يُحمر لحم الخنزير في زيت جوز الهند ثم يُضاف السبانخ والكراث. توضع جانبا بمجرد الانتهاء من ذلك.

a) سخني الفرن إلى 350 درجة فهرنهايت. في وعاء كبير، يجمع البيض والحليب والملح والفلفل. خفقت حتى رغوي. أضف حوالي 3/4 من خليط الحشوة المُصفى، واحتفظ بالربع الآخر "لأعلى" الكيشي. نسكب خليط البيض في العجينة ونضع الحشوة المتبقية فوق الكيشي.

b) ضعي الكيشي في الفرن في منتصف الرف الأوسط واخبزيه دون إزعاج لمدة 45 إلى 50 دقيقة.

كرات الجبن بالسمسم

مكونات

- 16 أونصة من جبن المزارعين أو الجبن القريش
- 1 كوب من اللوز المفروم ناعماً
- 1 و 1/2 كوب دقيق الشوفان

a) في وعاء كبير، اخلطي الجبنة المنزلية واللوز والشوفان.

b) اصنعي كرات ولفيها بخليط السمسم.

المقبلات

الحمص

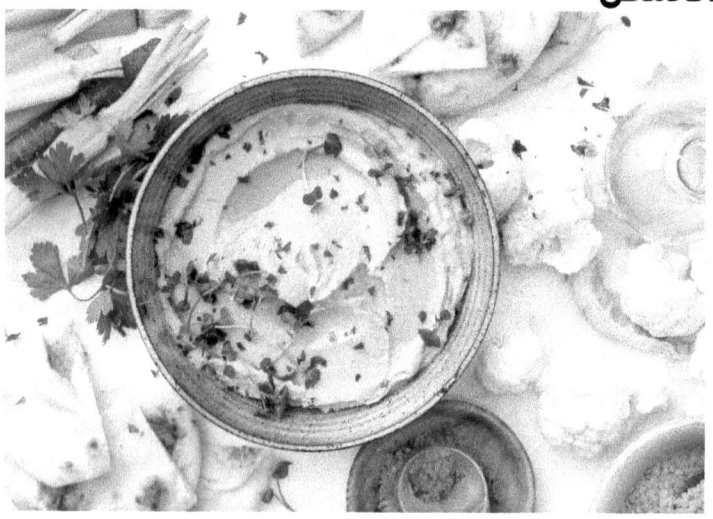

مكونات

- • 2 كوب حمص مطبوخ (حبوب الحمص)
- • ربع كوب (59 مل) عصير ليمون طازج
- • ربع كوب (59 مل) طحينة
- • نصف فص كبير من الثوم، مفروم
- • 2 ملعقة كبيرة.زيتونزيت أوكمونزيتبالإضافة إلى المزيد للتقديم
- • 1/2 إلى 1 ملعقة صغيرة. ملح
- • 1/2 ملعقة صغيرة. الكمون المطحون
- • 2 إلى 3 ملاعق كبيرة. ماء
- • رشة من البابريكا المطحونة للتقديم

تعليمات

a) تُمزج الطحينة وعصير الليمون وتُمزج لمدة دقيقة واحدة. أضيفي زيت الزيتون والثوم المفروم والكمون والملح إلى خليط الطحينة والليمون. قم بالمعالجة لمدة 30 ثانية، ثم قم بكشط الجوانب ثم قم بالمعالجة لمدة 30 ثانية أخرى.

b) أضف نصف كمية الحمص إلى محضرة الطعام واخلطها لمدة دقيقة واحدة. اكشط الجوانب وأضف الحمص المتبقي واخلطه لمدة دقيقة إلى دقيقتين.

c) انقل الحمص إلى وعاء ثم رش عليه حوالي 1 ملعقة كبيرة. من زيت الزيتون على الوجه ويرش بالبابريكا.

جواکامول

مكونات

- • 4 حبات أفوكادو ناضجة
- • 3 ملاعق كبيرة. عصير ليمون طازج (1 ليمونة)
- • 8 ملاعق من صلصة الفلفل الحار
- • 1/2 كوب بصل مقطع مكعبات
- • 1 فص ثوم كبير، مفروم
- • 1 ملعقة صغيرة. ملح
- • 1 ملعقة صغيرة. الفلفل الأسود المطحون
- • 1 حبة طماطم متوسطة، منزوعة البذور، ومقطعة إلى مكعبات صغيرة

تعليمات

a) نقطع الأفوكادو إلى نصفين، ونزيل النوى، ونخرج اللب.

b) يُضاف على الفور عصير الليمون وصلصة الفلفل الحار والثوم والبصل والملح والفلفل ويُقلب جيدًا. قطع الأفوكادو إلى مكعبات. أضف الطماطم.

c) تخلط جيدا وتذوق الملح والفلفل.

بابا غنوج

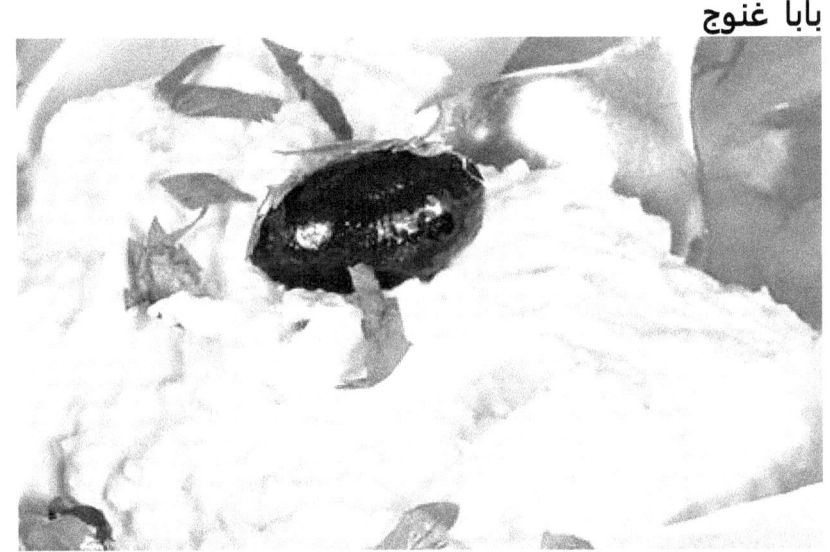

مكونات

- • 1 باذنجان كبير
- • ربع كوب طحينة، بالإضافة إلى المزيد حسب الحاجة
- • 3 فصوص ثوم، مفرومة
- • ربع كوب من عصير الليمون الطازج، بالإضافة إلى المزيد حسب الحاجة
- • 1 رشة كمون مطحون
- • ملح للتذوق
- • 1 ملعقة كبيرة. البكرزيتونزيت أوأفوكادوزيت
- • 1 ملعقة كبيرة. البقدونس ذو الأوراق المسطحة المفرومة
- • ربع كوب من الزيتون الأسود المملح، مثل كالاماتا

تعليمات:

a)   يُشوى الباذنجان لمدة تتراوح بين 10 إلى 15 دقيقة. سخني الفرن (375 فهرنهايت).

b)   ضعي الباذنجان على صينية الخبز واخبزيه لمدة 15-20 دقيقة أو حتى يصبح طرياً جداً. نخرجها من الفرن، ونتركها لتبرد، ثم نقشرها ونتخلص من الجلد. ضعي لحم الباذنجان في وعاء. باستخدام الشوكة، اهرسي الباذنجان حتى يصبح معجونًا.

c)   أضيفي ربع كوب الطحينة والثوم والكمون وربع كوب عصير الليمون واخلطيهم جيدًا. تبلها مع ملح للمذاق. ننقل الخليط إلى وعاء التقديم ونوزعه بظهر الملعقة لتكوين حفرة ضحلة. يُسكب زيت الزيتون فوق الوجه ويُرش بالبقدونس.

d)   يقدم في درجة حرارة الغرفة.

يخدم 4

مكونات

- • 2 كوب سبانخ
- • 2 فص ثوم
- • 3 ملاعق كبيرة كاجو
- • 3 ملاعق كبيرة من الكشمش المجفف
- • زيتونزيت أوأفوكادوزيت

تعليمات

a) اغسلي السبانخ وانزعي السيقان. قم بطهي السبانخ على البخار لبضع دقائق.

b) قشر وقطع الثوم. صب بضعة ملاعق كبيرة من زيت الزيتون وقم بتغطية قاع المقلاة. سخني المقلاة على نار متوسطة واقلي الثوم لمدة 1-2 دقيقة.

c) أضف الكاجو والكشمش إلى المقلاة واستمر في القلي لمدة دقيقة واحدة. أضيفي السبانخ واخلطيها جيدًا، ثم غطيها بالزيت. ملح للتذوق.

تابيناد

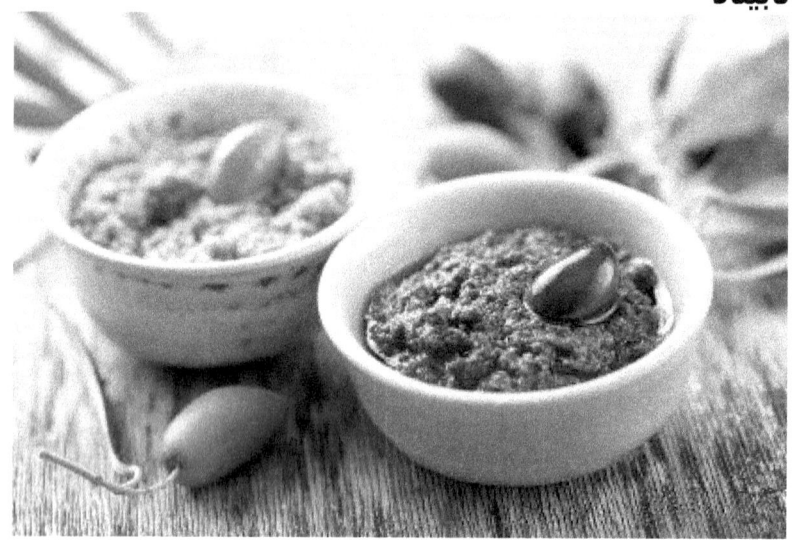

مكونات

- • 1/2 كيلو زيتون مشكل منزوع النوى
- • 2 شرائح أنشوجة، مغسولة
- • 1 فص صغير من الثوم، مفروم
- • 2 ملعقة كبيرة. نبات الكبر
- • 2 إلى 3 أوراق ريحان طازجة
- • 1 ملعقة كبيرة. عصير الليمون الطازج
- • 2 ملعقة كبيرة. البكرزيتونزيت أوكمونزيت

تعليمات

a)   شطف الزيتون في الماء البارد.

b)   ضع جميع المكونات في وعاء معالج الطعام. عملية الجمع، حتى تصبح عجينة خشنة.

c)   ينقل إلى وعاء ويقدم

تراجع الفلفل الأحمر

مكونات

- • 1 كيلو فلفل أحمر
- • 1 كوب جبن المزارعين
- • 1/4 كوب عذراءزيتونزيت أوأفوكادوزيت
- • 1 ملعقة كبيرة ثوم مفروم
- • عصير الليمون والملح والريحان والأوريجانو ورقائق الفلفل الأحمر حسب الرغبة.

تعليمات

a) نشوي الفلفل. قم بتغطيتها وتبرد لمدة 15 دقيقة تقريبًا. قشر الفلفل وأزل البذور والسيقان.

b) قطع الفلفل. يُنقل الفلفل والثوم إلى محضرة الطعام ويُطحن حتى يصبح ناعمًا.

c) يُضاف جبن المزارعين والثوم ويُطحن حتى يصبح ناعمًا.

d) أثناء تشغيل الآلة، أضيفي زيت الزيتون وعصير الليمون. أضيفي الريحان والأوريجانو ورقائق الفلفل الأحمر وربع ملعقة صغيرة. الملح، وعملية حتى تصبح ناعمة.

e) ضبط التوابل حسب الذوق. تصب في وعاء وتبرد.

باذنجان و زبادي

مكونات

1 كيلو باذنجان مقطع

3 حبات كراث غير مقشرة

3 فصوص ثوم غير مقشرة

a) اخلطي رطلًا واحدًا من الباذنجان المفروم و3 كراث غير مقشر و3 فصوص ثوم غير مقشرة مع ربع كوب زيت زيتون وملح وفلفل على صينية خبز.

b) مشوي على حرارة 400 درجة لمدة نصف ساعة. يبرد ويعصر الكراث والثوم من قشرتهما ويقطعان. يُمزج مع الباذنجان واللوز ونصف كوب من الزبادي العادي والشبت والملح والفلفل.

كابوناتا

يخدم 3-4

مكونات

- جوزة الهندزيت
- 2 حبة باذنجان كبيرة الحجم، مقطعة إلى قطع كبيرة
- 1 ملعقة صغيرة. توابل المجففة
- سكل ملح
- Fفلفل أسود مطحون
- 1 بصلة صغيرة، مقشرة ومفرومة ناعماً
- 2 فص ثوم، مقشر ومقطع إلى شرائح ناعمة
- 1 حزمة صغيرة من البقدونس الطازج ذو الأوراق المسطحة، منزوعة الأوراق ومفرومة بشكل ناعم
- 2 ملعقة كبيرة. نبات الكبر المملح، المغسول والمنقوع والمصفى
- 1 حفنة زيتون أخضر منزوع النواة
- 2-3 ملاعق كبيرة. عصير ليمون
- 5 حبات كبيرة من الطماطم الناضجة، المفرومة خشنًا
- جوزة الهندزيت
- 2 ملعقة كبيرة. لوز مقشر، محمص قليلاً، اختياري

تعليمات

a) سخني زيت جوز الهند في مقلاة وأضيفي الباذنجان والأوريجانو والملح. يُطهى على نار عالية لمدة 4 أو 5 دقائق تقريبًا. أضيفي سيقان البصل والثوم والبقدونس، واستمري في الطهي لبضع دقائق أخرى. أضف نبات الكبر المصفاة والزيتون وعصير الليمون. عندما يتبخر كل العصير، أضيفي الطماطم واتركيها على نار هادئة حتى تنضج.

b) يتبل بالملح وزيت الزيتون حسب الرغبة قبل التقديم. يرش باللوز.

العصائر

عصير كالي كيوي

مكونات

- 1 كوب كرنب، مقطع
- 2 تفاح
- 3 كيوي
- 1 ملعقة طعامالكتانبذور
- 1 ملعقة كبيرة غذاء ملكات النحل
- 1 كوب ثلج مجروش

a) الجمع في الخلاط

b) يخدم

عصير الكوسة التفاح

مكونات

- • 1/2 كوب كوسة
- • 2 تفاح
- • 3/4 أفوكادو
- • 1 ساق كرفس
- • 1 ليمون
- • 1 ملعقة كبيرة. سبيرولينا
- • 1 1/2 كوب ثلج مجروش

a) الجمع في الخلاط

b) يخدم

عصير الهندباء

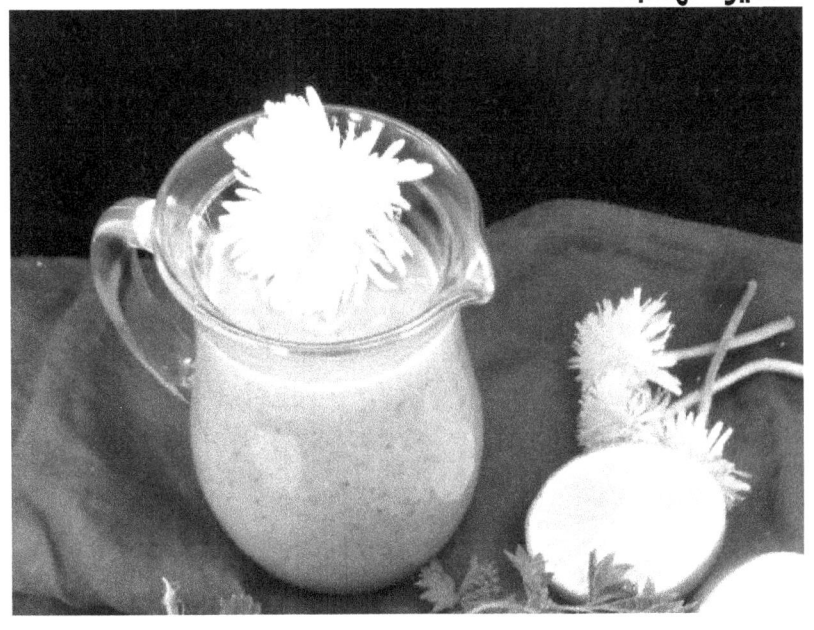

مكونات

- 1 كوب من نبات الهندباء الخضراء
- 1 كوب سبانخ
- ½ كوب طحينة
- 1 فجل أحمر
- 1 ملعقة كبيرة.شيابذور
- 1 كوب شاي لافندر

a) الجمع في الخلاط

b) يخدم

- ½ كوب شمر
- 1 كوب بروكلي
- 1 ملعقة كبيرة. الكزبرة
- 1 كوب عسل
- 1 كوب ثلج مجروش
- 1 ملعقة كبيرة. الكلوريلا

a)   الجمع في الخلاط

b)   يخدم

عصير التفاح والبروكلي

- 1 تفاحة
- 1 كوب بروكلي
- 1 ملعقة كبيرة. الكزبرة
- 1 ساق كرفس
- 1 كوب ثلج مجروش
- 1 ملعقة كبيرة. الأعشاب البحرية المطحونة

a)   الجمع في الخلاط

b)   يخدم

عصير سلطة

مكونات

- • 1 كوب سبانخ
- • $\frac{1}{2}$ خيارة
- • 1/2 بصلة صغيرة
- • 2 ملعقة كبيرة بقدونس
- • 2 ملعقة كبيرة عصير ليمون
- • 1 كوب ثلج مجروش
- • 1 ملعقة كبيرة.زيتونزيت أوكمونزيت
- • $\frac{1}{4}$ كوب عشبة القمح

a) الجمع في الخلاط

b) يخدم

عصير الأفوكادو كالي

مكونات

- 1 كوب كالي
- ½ الأفوكادو
- 1 كوب خيار
- 1 ساق كرفس
- 1 ملعقة كبيرة.شيابذور
- 1 كوب شاي بابونج
- 1 ملعقة كبيرة. سبيرولينا

a) الجمع في الخلاط

b) يخدم

عصير الجرجير

مكونات

- • 1 كوب جرجير
- • ½ كوبلوزسمنة
- • 2 خيار صغير
- • 1 كوب حليب جوز الهند
- • 1 ملعقة كبيرة. الكلوريلا
- • 1 ملعقة كبيرة. - بذور الكمون الأسود - رشي فوقها وزينيها بالبقدونس
-

a) الجمع في الخلاط

b) يخدم

عصير البنجر الأخضر

مكونات

- 1 كوب بنجر أخضر
- 2 ملعقة كبيرة. زبدة بذور اليقطين
- 1 كوب فراولة
- 1 ملعقة كبيرة. حبوب السمسم
- 1 ملعقة كبيرة.عيدانبذور
- 1 كوب شاي بابونج

a) الجمع في الخلاط

b) يخدم

عصير البروكلي والكراث والخيار

مكونات

1 كوب بروكلي

- • 2 ملعقة كبيرة. زبدة الكاجو
- • 2 كراث
- • 2 خيار
- • 1 ليمون
- • $\frac{1}{2}$ كوب خس
- • نصف كوب من أوراق الخس
- • 1 ملعقة كبيرة. ماتشا
- • 1 كوب ثلج مجروش

a)   الجمع في الخلاط

b)   يخدم

عصير السبانخ بالكاكاو

مكونات

- • 2 كوب سبانخ
- • 1 كوب توت أزرق، مجمد
- • 1 ملعقة كبيرة مسحوق كاكاو داكن
- • نصف كوب من حليب اللوز غير المحلى
- • 1/2 كوب ثلج مجروش
- • 1 ملعقة صغيرة خامعسل
- • 1 ملعقة كبيرة. مسحوق ماتشا

a) الجمع في الخلاط

b) يخدم

عصير زبدة الكتان واللوز

مكونات

- • نصف كوب زبادي عادي
- • 2 ملعقة طعاملوزسمنة
- • 2 كوب سبانخ
- • 1 موزة مجمدة
- • 3 فراولة
- • 1/2 كوب ثلج مجروش
- • 1 ملعقة صغيرةالكتانبذور

a) الجمع في الخلاط

b) يخدم

عصير التفاح كالي

- • 1 كوب كرنب
- • ½ كوب حليب جوز الهند
- • 1 ملعقة كبيرة. ماكا
- • 1 موزة مجمدة
- • ¼ ملعقة صغيرة قرفة
- • 1 تفاحة
- • رشة من جوزة الطيب
- • 1 فص
- • 3 مكعبات ثلج

a) الجمع في الخلاط

b) يخدم

عصير ايسبرغ الخوخ

مكونات

- • 1 كوب خس ايسبرغ
- • 1 موزة
- • 1 خوخ
- • 1 جوز برازيلي
- • 1 مانجو
- • 1 كوب كومبوتشا
- • قمة مععيدانبذور

a) الجمع في الخلاط

b) يخدم

عصير قوس قزح

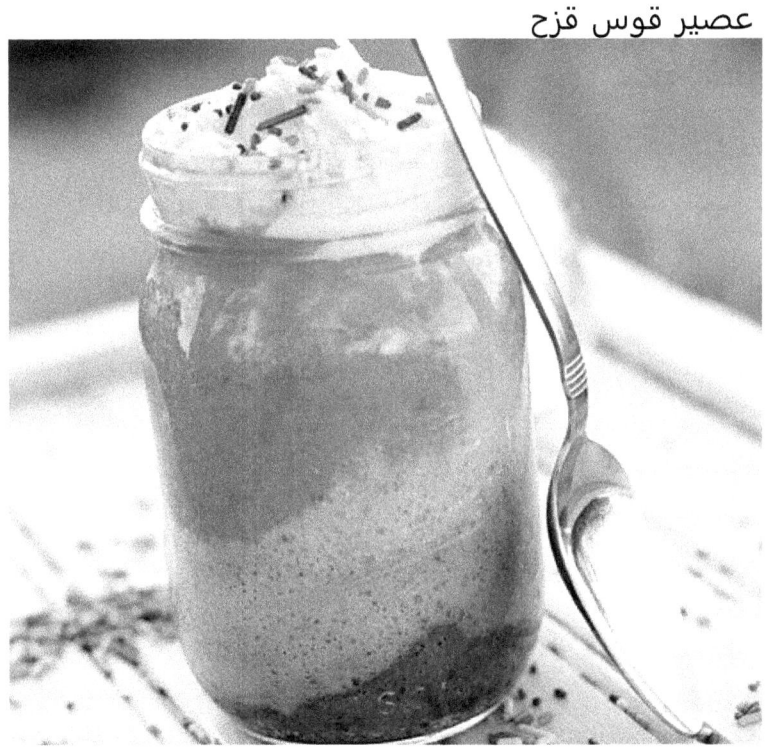

مكونات

a) • امزجي حبة شمندر كبيرة مع بعض الثلج المجروش

b) • امزجي 3 جزرات مع القليل من الثلج المجروش‍

c) امزجي خيارة واحدة مع كوب واحد من أوراق الخس‍ ونصف كوب من عشبة القمح

d) • قدميها بشكل منفصل للحفاظ على اللون المميز

e) يخدم

الحلويات

كعك السلطعون

يخدم 6-8

مكونات -

- • 3 رطل. لحم السلطعون
- • 3 بيضات مخفوقة
- • 3 أكوابالكتانوجبة البذور
- • 3 ملاعق كبيرة. خردل
- • 2 ملعقة كبيرة. الفجل المبشور
- • 1/2 كوبجوزة الهندزيت
- • 1 ملعقة صغيرة. قشر الليمون
- • 3 ملاعق كبيرة. عصير ليمون
- • 2 ملعقة كبيرة. بَقدونس
- • 1/2 ملعقة صغيرة. فلفل حريف
- • 2 ملعقة صغيرة. صلصة السمك

تعليمات

a)   في وعاء متوسط الحجم، قم بجمع جميع المكونات باستثناء الزيت.

b)   تشكل على شكل همبرغر صغير. يُسخن الزيت في مقلاة وتُقلى الفطائر لمدة 3-4 دقائق على كل جانب أو حتى يصبح لونها بنياً ذهبياً.

c)   اختياريًا، اخبزيها في الفرن.

d)   يقدم كمقبلات أو كطبق رئيسي مع سلطة كبيرة من الألياف.

قشرة فطيرة حلوة

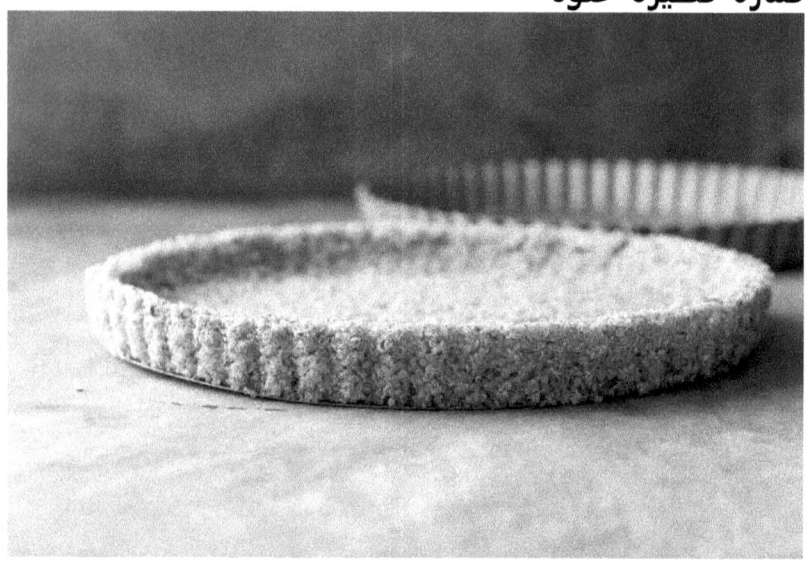

مكونات

- 11/3 كوب مسلوقلوزدقيق
- 1/3 كوب دقيق التابيوكا
- 1/2 ملعقة صغيرة. ملح البحر
- 1 بيضة كبيرة
- 1/4 كوبجوزة الهندزيت
- 2 ملعقة كبيرة. سكر جوز الهند أو خامعسل
- 1 ملعقة صغيرة من الأرضفانيلافاصوليا

تعليمات

a) ضع دقيق اللوز، ودقيق التابيوكا، وملح البحر، والفانيليا، والبيض، وسكر جوز الهند (إذا كنت تستخدم سكر جوز الهند) في وعاء معالج الطعام، عملية 2-3 مرات للجمع. أضف الزيت والعسل الخام (إذا كنت تستخدم العسل الخام) واخفقه بعدة نبضات مدتها ثانية واحدة ثم اترك محضر الطعام يعمل حتى يجتمع الخليط معًا. صب العجين على ورقة من البلاستيك. لف العجين ثم اضغط عليه في قرص مقاس 9 بوصة. الثلاجة لمدة 30 دقيقة.

b) قم بإزالة الغلاف البلاستيكي. اضغطي العجينة على قاع وجوانب طبق فطيرة مقاس 9 بوصة بالزبدة. تجعيد حواف القشرة قليلاً. تبرد في الثلاجة لمدة 20 دقيقة. ضعي رف الفرن على الوضع الأوسط، ثم قومي بتسخين الفرن إلى درجة حرارة 375 درجة فهرنهايت. ضعيها في الفرن واخبزيها حتى يصبح لونها بنياً ذهبياً.

فطيرة تفاح

حجم الحصة: يخدم 8

مكونات

- • 2 ملعقة كبيرة.جوزة الهندزيت
- • 9 حبات من التفاح الحامض، مقشرة ومنزوعة البذور ومقطعة إلى شرائح بسمك 1/4 بوصة
- • ربع كوب من سكر جوز الهند أو الخامعسل
- • 1/2 ملعقة صغيرة. قرفة
- • 1/8 ملعقة صغيرة. ملح البحر
- • 1/2 كوب حليب جوز الهند
- • 1 كوب مكسرات وبذور مطحونة

تعليمات

a) الحشوة: يذوب زيت جوز الهند في قدر كبيرة على نار متوسطة. أضف التفاح وسكر جوز الهند أو العسل الخام والقرفة وملح البحر. قم بزيادة الحرارة إلى متوسطة - عالية واطهيها مع التحريك من حين لآخر حتى يطلق التفاح رطوبته ويذوب السكر. يُسكب حليب جوز الهند أو الكريمة فوق التفاح ويستمر في الطهي حتى يصبح التفاح طريًا ويثخن السائلـ لمدة 5 دقائق تقريبًا، مع التحريك من حين لآخر.

b) نسكب الحشوة في العجينة ثم نغطيها بالطبقة العلوية. ضع درع الفطيرة على حواف القشرة لتجنب الاحتراق. اخبزيها حتى يتحول لون الطبقة العلوية إلى اللون البني الذهبي. بارد ويقدم.

فواكه مغموسة في الشوكولاتة

مكونات

- • 2 تفاحه أو 2 موزه أو وعاء من الفراولة أو أي فاكهة يمكن غمسها في الشوكولاتة المذابة

- • 1/2 كوب من الشوكولاتة المذابة

- 2 ملعقة كبيرة. المكسرات المفرومة (اللوز، الجوز، الجوز البرازيلي) أو البذور (القنب، الشيا، السمسم،الكتانبذوروجبة)

تعليمات

a) قطع التفاح إلى شرائح أو قطع الموز إلى أرباع. نذوب الشوكولاتة ونقطع المكسرات. نغمس الفاكهة في الشوكولاتة ونرشها بالمكسرات أو البذور ونضعها في الصينية.

b) انقلي الصينية إلى الثلاجة حتى تتماسك الشوكولاتة؛ يخدم.

c) إذا كنت لا تريد الشوكولاتة، قم بتغطية الفواكه بزبدة اللوز أو عباد الشمس ورشها ببذور الشيا أو القنب وقطعها إلى قطع وقدمها.

ملفات تعريف الارتباط بدون خبز

مكونات

- • 1/2 كوب حليب جوز الهند
- • 1/2 كوب مسحوق الكاكاو
- • 1/2 كوبجوزة الهندزيت
- • 1/2 كوب خامعسل
- • 2 كوب جوز الهند مبشور ناعماً
- • 1 كوب كبير جوز هند
- • 2 ملعقة صغيرة من الأرضفانيلافاصوليا
- • 1/2 كوب من اللوز المفروم أوشياالبذور (اختياري)
- • 1/2 كوبلوززبدة (اختياري)

تعليمات

a) يُمزج حليب جوز الهند وزيت جوز الهند ومسحوق الكاكاو في قدر. يُطهى المزيج على نار متوسطة مع التحريك حتى يصل إلى الغليان ثم يغلي لمدة دقيقة واحدة.

b) يُرفع الخليط عن النار ويُضاف جوز الهند المبشور، وجوز الهند الكبير، والعسل الخام، والفانيليا. أضف مكونات إضافية إذا أردت.

c) يُسكب الخليط في صينية خبز مبطنة بورق الخبز حتى يبرد.

براونیز خام

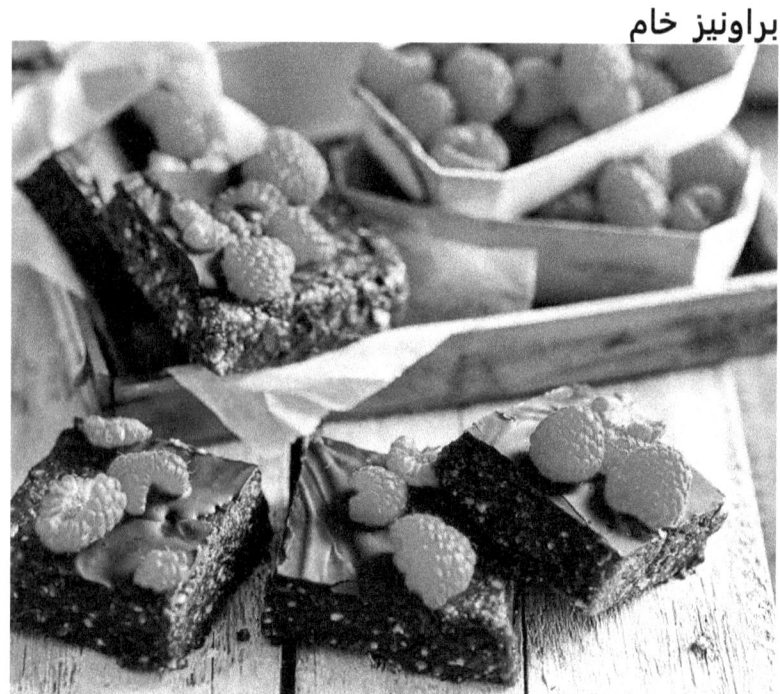

مكونات

- 1 1/2 كوب جوز
- 1 كوب منزوع النوىبلح
- 1 1/2 ملعقة صغيرة. أرضيفانيلافاصوليا
- 1/3 كوب من مسحوق الكاكاو غير المحلى
- 1/3 كوبلوزسمنة

تعليمات

a) أضف الجوز والملح إلى معالج الطعام أو الخلاط. مزيج حتى الأرض ناعما.

b) أضف الفانيليا والتمر ومسحوق الكاكاو إلى الخلاط. اخلطي المكونات جيدًا وأضيفي قطرتين من الماء اختياريًا في المرة الواحدة حتى يتماسك الخليط معًا.

c) ننقل الخليط إلى مقلاة ونضع فوقه زبدة اللوز.

بوظة

مكونات

a) قم بتجميد موزة مقطعة إلى قطع ثم قم بمعالجتها في الخلاط بمجرد تجميدها وأضف نصف ملعقة صغيرة. القرفة أو 1 ملعقة صغيرة. من الكاكاو أو كليهما وتناوله على شكل آيس كريم.

b) الخيار الآخر هو إضافة ملعقة واحدة منلوزالزبدة وخلطها مع الموز المهروس، فهو أيضاً آيس كريم لذيذ.

كوكيز التفاح بالتوابل

مكونات

- 1 كوب غير محلل وزسمنة
- 1/2 كوب خام عسل
- 1 بيضة و 1/2 ملعقة صغيرة ملح
- 1 تفاحة، مقطعة إلى مكعبات
- 1 ملعقة صغيرة قرفة
- 1/4 ملعقة صغيرة قرنفل مطحون
- 1/8 ملعقة صغيرة جوزة الطيب
- 1 ملعقة صغيرة زنجبيل طازج، مبشور

تعليمات

a) سخني الفرن إلى 350 درجة فهرنهايت. اخلطي زبدة اللوز والبيض والعسل الخام والملح في وعاء. أضيفي التفاح والبهارات والزنجبيل وحركي. ملعقة الخليط على ورقة الخبز 1 بوصة على حدة.

b) اخبزيها حتى تنضج.

c) قم بإزالة ملفات تعريف الارتباط واتركها لتبرد على رف التبريد.

الحساء

شوربة كريمة البروكلي

يخدم 4

مكونات

- 1 1/2 كيلو بروكلي، طازج
- 2 كوب ماء
- 3/4 ملعقة صغيرة. الملح والفلفل حسب الذوق
- 1/2 كوب دقيق التابيوكا مخلوط مع 1 كوب ماء بارد
- 1/2 كوب كريمة جوز الهند
- 1/2 كوب جبن مزارع قليل الدسم

a) يُطهى البروكلي على البخار أو يُسلق حتى يصبح طريًا.

b) ضعي كوبين من الماء وكريمة جوز الهند فوق الغلاية المزدوجة.

c) أضف الملح والجبن والفلفل. الحرارة حتى يذوب الجبن.

d) أضف البروكلي. اخلطي الماء ودقيق التابيوكا في وعاء صغير.

e) يُضاف خليط التابيوكا إلى خليط الجبن في غلاية مزدوجة ويُسخن حتى يتكاثف الحساء.

شوربة العدس

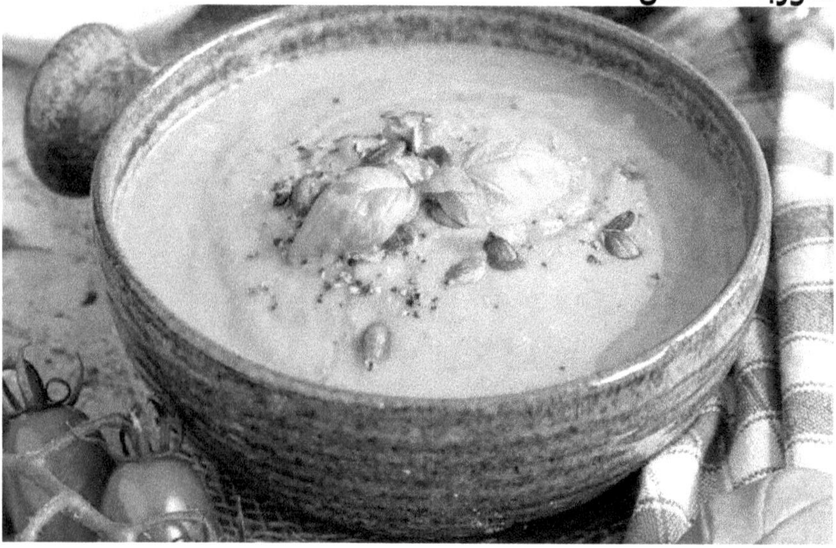

يخدم 4-6

مكونات

- 2 ملعقة كبيرة.زيتونزيت أوأفوكادوزيت
- 1 كوب بصل مفروم ناعماً
- 1/2 كوب جزر مقطع
- 1/2 كوب كرفس مقطع
- 2 ملعقة صغيرة ملح
- 1 رطل عدس
- 1 كوب طماطم مقطعة
- 2 لتر مرق دجاج أو خضار
- 1/2 ملعقة صغيرة. كزبرة مطحونة وكمون محمص

تعليمات

a) ضع زيت الزيتون في فرن هولندي كبير. يوضع على نار متوسطة. عندما يسخن، أضيفي الكرفس والبصل والجزر والملح واستمري في ذلك حتى يصبح البصل شفافًا.

b) يُضاف العدس والطماطم والكمون والمرق والكزبرة ويُقلب المزيج. قم بزيادة الحرارة واتركها حتى تغلي.

c) خففي الحرارة وغطيها واتركيها على نار خفيفة حتى ينضج العدس (حوالي 35 إلى 40 دقيقة).

d) هريس مع بندر للقوام المفضل لديك (اختياري). يخدم على الفور.

شوربة الخيار والأفوكادو الباردة

يخدم 2-3

مكونات

- 1 خيارة مقشرة ومنزوعة البذور ومقطعة إلى قطع بحجم 2 بوصة
- 1 حبة أفوكادو مقشرة
- 2 بصل أخضر مقطع
- 1 كوب مرق دجاج
- 3/4 كوب زبادي يوناني قليل الدسم
- 2 ملعقة كبيرة. عصير ليمون
- 1/2 ملعقة صغيرة. فلفل مطحون، أو حسب الرغبة
- ثوم معمر، شبت، نعناع، بصل أخضر أو خيار

يُمزج الخيار والأفوكادو والبصل الأخضر في الخلاط. نبض حتى المفروم.

a) أضيفي الزبادي والمرق وعصير الليمون واستمري حتى يصبح الخليط ناعمًا.

b) يتبل بالفلفل والملح حسب الرغبة ويبرد لمدة 4 ساعات.

c) طعم للتتبيل والتزيين.

جاسباتشو

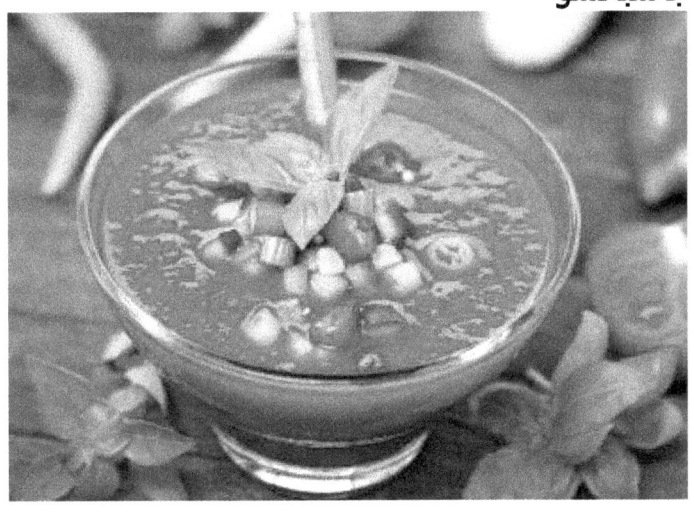

يخدم 4

مكونات

- • 1/2 كوب منالكتانوجبة البذور
- • 1 كيلو طماطم، مقطعة إلى مكعبات
- • 1 فلفل أحمر و1 فلفل أخضر مقطعين مكعبات
- • 1 خيارة، مقشرة ومقطعة إلى مكعبات
- • 2 فص من الثوم، مقشر ومهروس
- • 150 مل عذراء اضافيةزيتونزيت أوأفوكادوزيت
- • 2 ملعقة كبيرة عصير ليمون
- • ملح للتذوق

تعليمات

a) اخلطي الفلفل والطماطم والخيار مع الثوم المهروس وزيت الزيتون في وعاء الخلاط.

b) أضف دقيق الكتان إلى الخليط حتى مزيج سلس.

c) أضيفي الملح وعصير الليمون حسب الرغبة وقلبي جيدًا.

d) برد حتى تبرد جيدا. يقدم مع الزيتون الأسود، البيض المسلوق، الكزبرة، النعناع أو البقدونس.

حساء لحم البقر الإيطالي

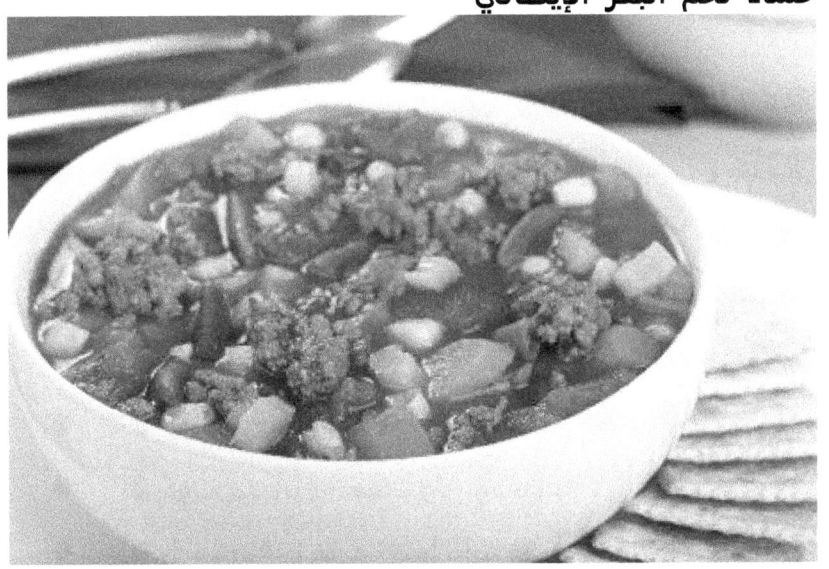

6 خدمات

مكونات

- 1 رطل نحلة مفرومة، 1 فص ثوم مفروم
- 2 كوب مرق لحم بقري
- عدد قليل من الطماطم الكبيرة
- 1 كوب جزر مقطع
- 2 كوب فاصوليا مطبوخة
- 2 كوسة صغيرة، مقطعة مكعبات
- 2 كوب سبانخ - مغسولة ومقطعة
- 1/4 ملعقة صغيرة. فلفل اسود
- 1/4 ملعقة صغيرة. ملح
-

a) لحم البقر البني مع الثوم في المرق. يُضاف المرق والجزر والطماطم. يتبل بالملح والفلفل.

b) خففي الحرارة وغطيها واتركيها على نار خفيفة لمدة 15 دقيقة

c) أضيفي الفاصوليا مع السائل والكوسة. يغطى ويترك على نار خفيفة حتى تنضج الكوسة.

d) يُرفع عن النار ويُضاف السبانخ ويُغطى. يقدم بعد 5 دقائق.

فطر مشوي بالكريمة

يخدم 4

مكونات

- • 1 رطل من فطر بورتوبيللو، مقطع إلى قطع بحجم 1 بوصة
- • 1/2 رطل من فطر الشيتاكي، منزوع الساق
- • 6 ملاعق كبيرة.زيتونزيت أوأفوكادوزيت
- • 2 كوب مرق خضار
- • 1 1/2 ملعقة كبيرة.جوزة الهندزيت
- • 1 بصلة مفرومة
- • 3 فصوص ثوم، مفرومة
- • 3 ملاعق كبيرة. دقيق الاروروت
- • 1 كوب كريمة جوز الهند
- • 3/4 ملعقة صغيرة. زعتر مفروم

تعليمات

a) سخني الفرن إلى 400 درجة فهرنهايت. قم بتغطية صينية خبز كبيرة بورق الألمنيوم. ننشر الفطر ونرش بعض زيت الزيتون عليه. يتبل بالملح والفلفل ويقلب. نغطيها بورق الألمنيوم ونخبزها لمدة نصف ساعة. اكشف واستمر في الخبز لمدة 15 دقيقة أخرى. بارد قليلا. اخلطي نصف كمية الفطر مع علبة مرق في الخلاط. اجلس جانبا.

b) يذوب زيت جوز الهند في وعاء كبير على نار عالية. يُضاف البصل والثوم ويُقلى حتى يصبح البصل شفافًا. يضاف الدقيق ويقلب لمدة دقيقتين. أضيفي الكريمة والمرق والزعتر. يُضاف الفطر المطبوخ المتبقي وهريس الفطر. يُطهى على نار خفيفة حتى يصبح سميكًا (حوالي 10 دقائق). الموسم الى الذوق مع الملح والفلفل.

حساء الفاصوليا السوداء

يخدم 6-8

مكونات

- 1/4 كوبجوزة الهندزيت
- 1/4 كوب بصل، مقطع مكعبات
- 1/4 كوب جزر، مقطع إلى مكعبات
- 1/4 كوب فلفل أخضر حلو، مقطع إلى مكعبات
- 1 كوب مرق لحم بقري
- 3 كيلو فاصوليا سوداء مطبوخة
- 1 ملعقة كبيرة. عصير ليمون
- 2 ملعقة صغيرة جارليل
- • 2 ملعقة صغيرة ملح
- 1/2 ملعقة صغيرة. فلفل أسود، مطحون
- 2 ملاعق صغيرة من مسحوق الفلفل الحار
- 8 أوقية. لحم خنزير
- 1 ملعقة كبيرة. دقيق التابيوكا
- 2 ملعقة كبيرة. ماء

تعليمات

a) ضعي زيت جوز الهند، والبصل، والجزر، والفلفل الحلو في وعاء المرق. اطبخي الخضار حتى تنضج. أحضر المرق ليغلي.

b) أضف الفاصوليا المطبوخة والمرق والمكونات المتبقية (باستثناء دقيق التابيوكا وملعقتين كبيرتين من الماء) إلى الخضار. يُغلى المزيج على نار خفيفة ويُطهى لمدة 15 دقيقة تقريبًا.

c) اهرسي ربع لتر من الحساء في الخلاط ثم ضعيه مرة أخرى في الوعاء. يُمزج دقيق التابيوكا مع 2 ملعقة كبيرة. الماء في وعاء منفصل.

d) يُضاف خليط دقيق التابيوكا إلى حساء الفاصوليا ويُترك حتى يغلي لمدة دقيقة واحدة.

1. جازباتشو الأبيض

يخدم 4-6

مكونات

- • 1 كوبالكتانوجبة البذور
- • 200 غرام من اللوز، مقشر ومقشر
- • 3 فصوص ثوم
- • 150 مل فيرجن اكسترازيتونزيت أوأفوكادوزيت
- • 5 ملاعق كبيرة. عصير ليمون
- • 2 ملعقة صغيرة ملح
- • 1 لتر ماء
- • 150 جرام عنب، منزوع البذور

تعليمات

a) ضعي دقيق الكتان مع اللوز والثوم في الخلاط. مزيج إلى عجينة ناعمة. اضف قليلا من الماء عند الضرورة. أضف الزيت بتيار بطيء مع تشغيل المحرك. أضف عصير الليمون والملح أيضًا.

b) نسكب الخليط في إبريق ونضيف له الماء المتبقي. أضف الملح أو عصير الليمون حسب الرغبة. برد الحساء.

c) يقلب قبل التقديم ويزين بالعنب

حساء الإسكواش

يخدم 4-6

مكونات

- 1 اسكواش
- 1 جزرة، مقطعة
- 1 بصل (مكعبات)
- 3/4 - 1 كوب حليب جوز الهند
- 1/4 - 1/2 كوب ماء
- زيتونزيت أوأفوكادوزيت
- ملح
- الفلفل
- قرفة
- كُركُم

تعليمات

a) نقطع القرع ونزيل البذور بالملعقة. نقطعها إلى قطع كبيرة ونضعها على صينية خبز. يُرش الملح وزيت الزيتون والفلفل ويُخبز على حرارة 375 درجة فهرنهايت حتى يصبح طريًا (حوالي ساعة واحدة). لتهدأ.

b) في هذه الأثناء، اقلي البصل في زيت الزيتون (ضعيه في وعاء الحساء). أضف الجزر. أضف 3/4 كوب حليب جوز الهند و1/4 كوب ماء بعد دقائق قليلة واتركه ينضج. استخرجي القرع من جلده. أضفه إلى وعاء الحساء. يُحرّك المزيج لدمج المكونات ويترك على نار خفيفة لبضع دقائق. أضف المزيد من الحليب أو الماء إذا لزم الأمر. يتبل حسب الذوق بالملح والفلفل والبهارات. حتى مزيج سلس ودسم.

c) رشها ببذور اليقطين المحمصة.

شوربة لحم الخنزير بالفاصوليا البيضاء كالي

يخدم 4-6

مكونات

- 2 ملعقة كبيرة. كل عذراءزيتونزيت
- 3 ملاعق كبيرة. مسحوق شطة
- 1 ملعقة كبيرة. صلصة هالابينو الحارة
- 2 رطل من لحم الخنزير بالعظم
- ملح
- 4 أعواد كرفس، مفرومة
- 1 بصلة بيضاء كبيرة، مفرومة
- 3 فصوص ثوم، مفرومة
- 2 كوب مرق دجاج
- 2 كوب طماطم مقطعة
- 2 كوب فاصوليا بيضاء مطبوخة
- 6 أكواب ملفوف ملفوف

a) سخن الفروج. خفقت صلصة حارة، 1 ملعقة كبيرة. زيت الزيتون ومسحوق الفلفل الحار في وعاء. تتبل شرائح لحم الخنزير بنصف ملعقة صغيرة. ملح. افركي القطع بخليط التوابل من الجانبين ثم ضعيها على رف فوق صينية الخبز. اجلس جانبا.

b) تسخين 1 ملعقة كبيرة. زيت جوز الهند في وعاء كبير على نار عالية. أضيفي الكرفس والثوم والبصل والملعقتين الكبيرتين المتبقيتين. مسحوق شطة. يُطهى حتى يصبح البصل شفافًا مع التحريك (حوالي 8 دقائق).

c) أضيفي الطماطم ومرق الدجاج إلى القدر . يُطهى ويُحرَّك من حين لآخر حتى يقل حجمه بمقدار الثلث تقريبًا (حوالي 7 دقائق). أضف اللفت والفاصوليا. خففي الحرارة إلى متوسطة، ثم غطيها واطهيه حتى ينضج الكرنب (حوالي 7 دقائق). أضف ما يصل إلى نصف كوب ماء إذا كان الخليط يبدو جافًا وتبله بالملح.

d) في هذه الأثناء، قومي بشوي لحم الخنزير حتى ينضج

شوربة الدجاج بالليمون اليوناني

يخدم 4

مكونات

- • 4 أكواب مرق دجاج
- • 1/4 كوب غير مطبوخالكينوا
- • ملح وفلفل
- • 3 بيضات
- • 3 ملاعق كبيرة. عصير ليمون
- • حفنة من الشبت الطازج (المفروم)
- • دجاج مشوي مقطع (اختياري)

a) يُغلى المرق في قدر. أضيفي الكينوا واطهيها حتى تنضج. الموسم مع الملح والفلفل. خفض الحرارة إلى منخفضة واتركها على نار خفيفة. في وعاء منفصل، اخفقي عصير الليمون والبيض حتى يصبح المزيج ناعمًا. أضف حوالي كوب واحد من المرق الساخن إلى خليط البيض/الليمون واخفقه حتى تمتزج المكونات.

b) أضف الخليط مرة أخرى إلى القدر. حرك حتى يصبح الحساء معتمًا ويثخن. أضيفي الشبت والملح والفلفل حسب الرغبة والدجاج إذا كان لديك، ويقدم.

حساء البيض

يخدم 4-6

مكونات -

- · 1 1/2 لتر مرق دجاج
- 2 ملعقة كبيرة. دقيق التابيوكا مخلوط في ربع كوب ماء بارد
- 2 بيضة، مخفوقة قليلاً بالشوكة
- 2 بصل أخضر، مفروم، بما في ذلك الأطراف الخضراء

تعليمات

a) أحضر المرق ليغلي. يُسكب خليط دقيق التابيوكا ببطء مع تحريك المرق. يجب أن يتكاثف المرق.

b) خفض الحرارة واتركها على نار خفيفة. يُضاف البيض ببطء شديد مع التحريك.

c) بمجرد وصول آخر قطرة من البيضة، أطفئي النار.

d) يقدم مع البصل الأخضر المفروم في الأعلى.

شوربة الريحان بالطماطم الكريمية

6 خدمات

مكونات

- 4 حبات طماطم - مقشرة، منزوعة البذور، ومقطعة إلى مكعبات
- 4 أكواب عصير طماطم
- 14 ورقة ريحان طازج
- 1 كوب كريمة جوز الهند
- ملح للتذوق
- الفلفل الأسود المطحون حسب الرغبة

تعليمات

a) الجمع بين الطماطم وعصير الطماطم في وعاء المرق. ينضج 30 دقيقة.

b) هريس الخليط مع أوراق الريحان في المعالج.

c) ضعيها مرة أخرى في وعاء المرق وأضيفي كريمة جوز الهند.

d) إضافة الملح والفلفل حسب الذوق.

الطبق الرئيسي

يخنة العدس

مكونات

- 1 كوب عدس جاف
- 3 1/2 كوب مرق دجاج
- قليل من الطماطم
- 1 حبة بطاطس متوسطة الحجم مقطعة + 1/2 كوب جزر مقطع
- 1/2 كوب بصل مفروم + 1/2 كوب كرفس مفروم (اختياري)
- قليل من أغصان البقدونس والريحان + 1 فص ثوم (مفروم)
- 1 رطل من لحم الخنزير أو اللحم البقري قليل الدهن + فلفل حسب الرغبة

يمكنك تناول سلطة من اختيارك مع هذا الحساء.

البازلاء الخضراء المطهية مع لحم البقر

يخدم *1*

مكونات

• 1 كوب بازلاء خضراء طازجة أو مجمدة

• 1 بصلة مفرومة ناعماً

• 2 فص ثوم، مقطع إلى شرائح رفيعة و1/2 بوصة من الزنجبيل الطازج المقشر أو المقطع (إذا أردت)

• 1/2 ملعقة صغيرة. رقائق الفلفل الأحمر، أو حسب الرغبة

• 1 طماطم، مفرومة خشناً

• 1 جزرة مقطعة

• 1 ملعقة كبيرة.جوزة الهندزيت

• 1/2 كوب مرق دجاج

• 4 أوقيات. لحم البقر مكعبات

• الملح والفلفل الأسود المطحون الطازج

a) سخني زيت جوز الهند في مقلاة على نار متوسطة.

b) يُقلى البصل والثوم والزنجبيل حتى يصبح طريًا. يُضاف الفلفل الأحمر والجزر والطماطم ويُقلى حتى تبدأ الطماطم في أن تصبح طرية. أضف البازلاء الخضراء. أضف 4 أوقية. لحم بقري قليل الدهن مكعبات.

c) أضيفي المرق واتركيه على نار متوسطة على نار متوسطة. يغطى ويطهى حتى تنضج البازلاء. الموسم الى الذوق مع الملح والفلفل.

دجاج أبيض بالفلفل الحار

يخدم: 5

مكونات

- • 4 صدور دجاج كبيرة منزوعة العظم والجلد
- • 2 حبة فلفل أخضر
- • 1 بصلة صفراء كبيرة
- • 1 هالابينو
- • 1/2 كوب فلفل أخضر حار مقطع (اختياري)
- • 1/2 كوب من البصل الأخضر
- • 1.5 ملعقة كبيرة.جوزة الهندزيت
- • 3 أكواب فاصوليا بيضاء مطبوخة
- • 3.5 كوب مرق دجاج أو خضار
- • 1 ملعقة صغيرة. الكمون المطحون
- • 1/4 ملعقة صغيرة. فلفل حريف
- • ملح للتذوق

تعليمات

a) جلب وعاء من الماء ليغلي. أضيفي صدور الدجاج واطهيها حتى تنضج. صفي الماء واتركي الدجاج ليبرد. عندما تبرد، تقطع وتوضع جانباً.

b) قطعي الفلفل الحلو والهلابينو والبصل إلى مكعبات. نذوب زيت جوز الهند في قدر على نار عالية. يُضاف الفلفل والبصل ويُقلى حتى يصبح طريًا، تقريبًا. 8-10 دقائق.

c) أضيفي المرق، الفول، الدجاج والبهارات إلى القدر. يقلب ويترك حتى يغلي على نار خفيفة. يغطى ويترك على نار خفيفة لمدة 25-30 دقيقة.

d) يُطهى على نار خفيفة لمدة 10 دقائق أخرى ويُحرَّك من حين لآخر. ازالة من الحرارة. اتركها لمدة 10 دقائق حتى تصبح سميكة. قمة مع الكزبرة.

لحم الخنزير كالي

يخدم 4

مكونات

- • 1 ملعقة كبيرة.جوزة الهندزيت
- • 1 رطل من لحم الخنزير المقدد، مشذب ومقطع إلى قطع بحجم 1 بوصة
- • 3/4 ملعقة صغيرة. ملح
- • 1 بصلة متوسطة، مفرومة ناعماً
- • 4 فصوص ثوم، مفرومة
- • 2 ملعقة صغيرة بابريكا
- • 1/4 ملعقة صغيرة. فلفل أحمر مطحون (اختياري)
- • 1 كوب نبيذ أبيض
- • 4 حبات طماطم، مفرومة
- • 4 أكواب مرق دجاج
- • 1 باقة كرنب، مفرومة
- • 2 كوب فاصوليا بيضاء مطبوخة

تعليمات

a) سخني زيت جوز الهند في قدر على نار متوسطة. يُضاف لحم الخنزير ويُتبل بالملح ويُطهى حتى يختفي اللون الوردي. ينقل إلى طبق ويترك العصائر في الوعاء.

b) يُضاف البصل إلى الوعاء ويُطهى حتى يصبح شفافًا. يُضاف البابريكا والثوم والفلفل الأحمر المطحون ويُطهى لمدة 30 ثانية تقريبًا. أضف الطماطم والنبيذ، وقم بزيادة الحرارة وحركها لكشط أي قطع بنية اللون. أضف مرق. جلب ليغلي.

c) أضيفي الكرنب وحركي حتى يذبل. خففي النار واتركيه على نار هادئة حتى ينضج الكرنب. ضجة في الفاصوليا ولحم الخنزير وعصائر لحم الخنزير. ينضج لمدة دقيقتين إضافيتين.

الاسكواش القرنبيط الكاري

6 خدمات

مكونات

- • معجون الكاري
- • 3 أكواب من القرع المقشر والمقطع
- • 2 كوب حليب جوز الهند سميك القوام
- • 3 ملاعق كبيرة.جوزة الهندزيت
- • 2 ملعقة كبيرة. خامعسل
- • 2 جنيه طماطم
- • 1 و1/4 كوب أرز بني، غير مطبوخ
- • 1 كوب من الزهرة المقطعة
- • 1 كوب فلفل أخضر مقطع
- • الكزبرة لتتصدر

تعليمات

a) طبخ الأرز البني. اجلس جانبا.

b) اصنع معجون الكاري. يُسكب حليب جوز الهند في المقلاة ويُمزج الكاري والعسل الخام في حليب جوز الهند. أضيفي القرنبيط، والكوسا، والفلفل الأخضر. يغطى ويترك على نار خفيفة حتى ينضج القرع. يرفع عن النار ويترك لمدة 10 دقائق. سوف تتكاثف الصلصة.

c) يقدم الكاري فوق الأرز البني. أضيفي الكزبرة المفرومة قبل التقديم.

كروكبوت لحم الضأن بالكاري الأحمر

يخدم: 16

مكونات

- • 3 جنيه لحم ضأن مقطع مكعبات
- • معجون الكاري
- • 4 أكواب معجون طماطم
- • 1 ملعقة صغيرة. الملح بالإضافة إلى المزيد حسب الذوق
- • 1/2 كوب حليب أو كريمة جوز الهند

تعليمات

a) اصنع معجون الكاري. يُضاف لحم الضأن ومعجون الكاري في وعاء الفخار. يُسكب كوبًا واحدًا من معجون الطماطم فوق لحم الضأن. أضف 2 كوب من الماء إلى وعاء الفخار. يقلب ويغطى ويطهى على نار عالية لمدة ساعتين أو على نار خفيفة لمدة 4-5 ساعات. الذوق والموسم مع الملح.

b) يُضاف حليب جوز الهند ويُرش بالكزبرة قبل التقديم. يُقدم الطبق فوق الأرز البني أو خبز النان.

ضال العدس السهل

6 خدمات

مكونات

- • 2 1/2 كوب عدس
- • 5-6 أكواب من الماء
- • معجون الكاري
- • 1/2 كوب حليب جوز الهند
- • 1/3 كوب ماء
- • 1/2 ملعقة صغيرة ملح + 1/4 ملعقة صغيرة. فلفل اسود
- • عصير الليمون
- • كزبرة وبصل أخضر للتزيين

تعليمات

a) جلب الماء ليغلي في وعاء كبير. يُضاف العدس ويُطهى بدون غطاء لمدة 10 دقائق مع التحريك بشكل متكرر.

b) ازالة من الحرارة. ضجة في المكونات المتبقية.

c) يتبل بالملح والأعشاب للتزيين.

جامبو

- 1 كيلو جمبري متوسط الحجم مقشر
- 1/2 كيلو صدور دجاج منزوعة الجلد والعظم
- 1/2 كوبجوزة الهندزيت
- 3/4 كوبلوزدقيق
- 2 كوب بصل مفروم
- 1 كوب كرفس مقطع
- 1 كوب فلفل أخضر مقطع
- 1 ملعقة صغيرة. الكمون المطحون
- 1 ملعقة كبيرة. الثوم الطازج المفروم
- 1 ملعقة صغيرة. زعتر طازج مفروم
- 1/2 ملعقة صغيرة. فلفل أحمر
- 6 أكواب مرق دجاج
- 2 كوب طماطم مقطعة
- 3 أكواب بامية مقطعة
- 1/2 كوب بقدونس طازج مفروم
- 2 ورق غار
- 1 ملعقة صغيرة. صلصة حارة

a) يُقلى الدجاج على نار عالية حتى يصبح لونه بنيًا في وعاء كبير. إزالة وتوضع جانبا. يقطع البصل والكرفس والفلفل الأخضر ويوضع جانباً.

b) ضعي الزيت والدقيق في وعاء. يقلب جيدًا ويكتسب اللون البني لعمل الرو. عندما ينضج الرو، أضيفي الخضار المقطعة. يقلى على نار خفيفة لمدة 10 دقائق.

c) أضيفي مرق الدجاج ببطء مع التحريك المستمر.

d) أضيفي الدجاج وجميع المكونات الأخرى ما عدا البامية والروبيان والبقدونس التي سيتم حفظها للنهاية.

e) يغطى ويترك على نار خفيفة على نار خفيفة لمدة نصف ساعة. يُرفع الغطاء ويُطهى لمدة نصف ساعة إضافية مع التحريك من حين لآخر.

f) أضيفي الجمبري والبامية والبقدونس. استمر في الطهي على نار خفيفة بدون غطاء لمدة 15 دقيقة.

حمص مطهي

يخدم 4

مكونات

• معجون الكاري

• 4 أكواب حمص مطبوخ • 1 كوب كزبرة مفرومة

تعليمات

a) اصنع معجون الكاري. اخلطي الحمص وسائله.

b) استمر في الطهي. يقلب حتى تمتزج جميع المكونات.

c) ازالة من الحرارة. أضيفي الكزبرة قبل التقديم مباشرة، واحتفظي بملعقة كبيرة. للتزيين.

دجاج بالكاري الأحمر

6 خدمات

مكونات

- 2 كوب لحم دجاج مقطع مكعبات
- معجون الكاري
- 2 كوب معجون طماطم
- ربع كوب من حليب جوز الهند أو الكريمة
- كزبرة للتزيين
- أرز بني للتقديم

تعليمات

a) اصنع معجون الكاري. أضف معجون الطماطم. يقلب ويترك على نار خفيفة حتى يصبح ناعمًا. أضيفي الدجاج والكريمة.

b) يُحرّك المزيج ويُطهى على نار خفيفة لمدة 15-20 دقيقة.

c) يقدم مع الأرز البني والكزبرة.

الفاصوليا الخضراء المطهية مع لحم الخنزير

يخدم *1*

مكونات

- • 1 كوب فاصوليا خضراء طازجة أو مجمدة
- • 1 بصلة مفرومة ناعماً
- • 2 فص من الثوم، مقطع إلى شرائح رفيعة
- • ½ بوصة من الزنجبيل الطازج المقشر أو المقطع
- • 1/2 ملعقة صغيرة. رقائق الفلفل الأحمر، أو حسب الرغبة
- • 1 طماطم، مفرومة خشناً
- • 1 ملعقة كبيرة.جوزة الهندزيت
- • 1/2 كوب مرق دجاج
- • الملح والفلفل الأسود المطحون
- • 1/4 ليمونة، مقطعة إلى شرائح، للتقديم
- • 5 أوقية. لحم الخنزير العجاف

تعليمات

a) قطع كل حبة إلى نصفين. سخني زيت جوز الهند في مقلاة على نار متوسطة. يُقلى البصل والثوم والزنجبيل على نار متوسطة حتى يذبل.

b) يُضاف الفلفل الأحمر والطماطم ويُقلى حتى تبدأ الطماطم في التفتت. ضجة في الفاصوليا الخضراء. أضف 5 أوقية. لحم الخنزير العجاف مكعبات.

c) أضيفي المرق واتركيه حتى يغلي على نار متوسطة. يغطى ويطهى حتى تنضج الفاصوليا.

d) الموسم الى الذوق مع الملح والفلفل. يقدم مع شرائح الليمون على الجانب.

راتاتوي

يخدم 4-6

مكونات

- • 2 باذنجان كبير
- • 3 كوسة متوسطة
- • 2 بصل متوسط
- • 2 فلفل أحمر أو أخضر
- • 4 حبات طماطم كبيرة
- • 2 فص ثوم، مطحون
- • 4 ملاعق كبيرة.جوزة الهندزيت
- • 1 ملعقة كبيرة. ريحان طازج
- • سبديل والفلفل الأسود المطحون الطازج

تعليمات

a)   قطع الباذنجان والكوسا إلى شرائح بحجم 1 بوصة. ثم قطعي كل شريحة إلى نصفين. نملحهم ونتركهم لمدة ساعة واحدة. سوف يسحب الملح المرارة.

b)   قطع الفلفل والبصل. قشر الطماطم عن طريق غليها لبضع دقائق. ثم أرباعها وأخرج البذور وقطع اللحم. يُقلى الثوم والبصل في زيت جوز الهند في قدر لمدة 10 دقائق. أضف الفلفل. جفف الباذنجان والكوسا وأضفهما إلى القدر. أضف الريحان والملح والفلفل. يقلب ويترك على نار خفيفة لمدة نصف ساعة.

c)   أضيفي لحم الطماطم، وافحصي التتبيلة واطهيها لمدة 15 دقيقة إضافية مع رفع الغطاء.

لحم البقر المشوية

يخدم 8

مكونات

• 1-1/2 كوب معجون طماطم • 1/4 كوب عصير ليمون •
2 ملعقة كبيرة. خردل • 1/2 ملعقة صغيرة. ملح

• 1 جزرة مقطعة • 1/4 ملعقة صغيرة. فلفل أسود
مطحون • 1/2 ملعقة صغيرة. ثوم مفروم • 4 جنيهات
ظرف   مشوي   بدون   عظم

تعليمات

a)   في وعاء كبير، اخلطي معجون الطماطم وعصير
الليمون والخردل. ضجة في الملح والفلفل والثوم.

b)   ضع تشاك المشوي والجزر في طباخ بطيء.
يُسكب مزيج الطماطم فوق مشوي تشاك. يغطى
ويطهى على نار خفيفة لمدة 7 إلى 9 ساعات.

c)   قم بإزالة مشوي تشاك من الطباخ البطيء، وقم
بتقطيعه بالشوكة، ثم قم بإعادته إلى الطباخ
البطيء. حرك اللحم حتى يغطى بالصلصة
بالتساوي. استمر في الطهي لمدة ساعة تقريبًا.

لحم البقر المتن مع الكراث

مكونات

- 3/4 كيلو كراث، مقطع إلى نصفين بالطول
- 1-1/2 ملعقة كبيرة.زيتونزيت أوأفوكادوزيت
- الملح والفلفل حسب الذوق
- 3 أكواب مرق لحم البقر
- 3/4 كوب نبيذ أحمر
- 1-1/2 ملعقة صغيرة معجون طماطم
- 2 رطل من لحم البقر المشوي، مقطع
- 1 ملعقة صغيرة. زعتر مجفف
- 3 ملاعق كبيرة.جوزة الهندزيت
- 1 ملعقة كبيرة.لوزدقيق

(a)   سخني الفرن إلى 375 درجة فهرنهايت. ضعي الكراث مع زيت الزيتون حتى يتغطى في صينية الخبز وتبليه بالملح والفلفل. يُشوى حتى يصبح الكراث طريًا مع التحريك من حين لآخر لمدة نصف ساعة تقريبًا.

(b)   يُمزج مرق النبيذ مع لحم البقر في قدر ويُغلى المزيج. طهي على نار عالية. يجب تقليل الحجم بمقدار النصف. أضف معجون الطماطم. اجلس جانبا.

(c)   يُجفف اللحم البقري ويُرش بالملح والزعتر والفلفل. أضيفي اللحم البقري إلى المقلاة المدهونة بزيت جوز الهند. البني من جميع الجوانب على نار عالية.

(d)   أعد المقلاة إلى الفرن. لحم البقر المشوي حوالي نصف ساعة للنادرة المتوسطة. نقل لحم البقر إلى طبق. تغطية فضفاضة مع احباط.

(e)   ضعي المقلاة على الموقد وأضيفي خليط المرق. يُغلى المزيج ويُحرَّك للتخلص من أي قطع بنية اللون. ننقله إلى قدر آخر، ونتركه حتى ينضج. امزج 1 1/2 ملعقة كبيرة. زيت جوز الهند والدقيق في وعاء صغير ويخلطان. يُضاف المرق ويُترك على نار خفيفة حتى تتكاثف الصلصة. ضجة في الكراث المحمص. يتبل بالملح والفلفل.

(f)   قطع اللحم البقري إلى شرائح بسمك 1/2 بوصة. ملعقة بعض الصلصة.

الفلفل الحار

مكونات

- 2 ملعقة كبيرة.جوزة الهندزيت
- 2 بصل، مفروم
- 3 فصوص ثوم، مفرومة
- 1 رطل لحم بقري مفروم
- 3/4 رطل من لحم البقر، مقطع إلى مكعبات
- 2 كوب طماطم مقطعة
- 1 كوب قهوة قوية
- 1 كوب معجون طماطم
- 2 كوب مرق لحم بقري
- 1 ملعقة كبيرة. بذور الكمون
- 1 ملعقة كبيرة. مسحوق الكاكاو غير المحلى
- 1 ملعقة صغيرة. توابل المجففة
- 1 ملعقة صغيرة. فلفل حريف مطحون
- 1 ملعقة صغيرة. كزبرة مطحونة
- 1 ملعقة صغيرة. ملح
- 6 أكواب فاصوليا مطبوخة
- 4 حبات فلفل حار طازج، مفروم

a) سخني الزيت في قدر على نار متوسطة. يُطهى الثوم والبصل ولحم الخاصرة واللحم البقري المفروم في الزيت حتى يصبح لون اللحم بنيًا ويصبح البصل شفافًا.

b) اخلطي الطماطم المقطعة والقهوة ومعجون الطماطم ومرق اللحم البقري. يتبل بالأوريجانو والكمون ومسحوق الكاكاو والفلفل الحار والكزبرة والملح. يُضاف الفلفل الحار الحار و3 أكواب من الفاصوليا. خفض الحرارة إلى الحد الأدنى، ويترك على نار خفيفة لمدة ساعتين.

c) ضجة في 3 أكواب من الفاصوليا المتبقية. ينضج لمدة 30 دقيقة أخرى.

رغيف اللحم المزجج

يخدم 4

مكونات -

- • 1/2 كوب معجون طماطم
- • 1/4 كوب عصير ليمون، مقسم
- • 1 ملعقة صغيرة. مسحوق الخردل
- • 2 جنيه لحم بقري مفروم
- • 1 كوبالكتانوجبة البذور
- • 1/4 كوب بصل مفروم
- • 1 بيضة مخفوقة

تعليمات

a) سخني الفرن إلى 350 درجة فهرنهايت. امزجي الخردل ومعجون الطماطم و1 ملعقة كبيرة. عصير الليمون في وعاء صغير.

b) يُمزج البصل واللحم البقري المفروم والكتان والبيض وعصير الليمون المتبقي في وعاء أكبر منفصل.

c) وأضيفي ثلث خليط معجون الطماطم من الوعاء الأصغر. نخلط الكل جيداً ونضعه في صينية الخبز.

d) اخبزيها على حرارة 350 درجة فهرنهايت لمدة ساعة واحدة. يُصفى أي دهون زائدة ويُغطى بخليط معجون الطماطم المتبقي. اخبزيها لمدة 10 دقائق أخرى.

لازانيا الباذنجان

يخدم 4-6

المكونات , NF

- • 2 حبة باذنجان كبيرة الحجم، مقشرة ومقطعة إلى شرائح طولية
- • جوزة الهندزيت
- • ملح وفلفل
- صلصة اللحم
- • 2 كوب جبنة مزارع قليلة الدسم
- • 2 بيضة
- • 3 بصل أخضر، مفروم
- • 1 كوب جبنة موتزاريلا قليلة الدسم مبشورة

تعليمات

a) سخني الفرن إلى 425 درجة.

b) ورقة البسكويت بالزيت وترتيب شريحة الباذنجان. يرش بالملح والفلفل. اخبزي الشرائح لمدة 5 دقائق على كل جانب. خفض درجة حرارة الفرن إلى 375.

c) يُحمر البصل واللحم والثوم في زيت جوز الهند لمدة 5 دقائق. يُضاف الفطر والفلفل الأحمر ويُطهى لمدة 5 دقائق. أضيفي الطماطم والسبانخ والبهارات واتركيها على نار خفيفة لمدة 5-10 دقائق.

d) مزيج الجبن المزارعين والبيض والبصل الخليط يُوزّع ثلث صلصة اللحم في قاع وعاء زجاجي. ضعي نصف شرائح الباذنجان ونصف جبن المزارعين. يكرر. أضيفي الطبقة الأخيرة من الصلصة ثم جبن الموتزاريلا في الأعلى.

e) تغطية مع احباط. اخبزيها على حرارة 375 درجة لمدة ساعة واحدة. أزيلي ورق القصدير واخبزيها حتى يصبح لون الجبن بنيًا. اتركها ترتاح 10 دقائق قبل التقديم.

باذنجان محشو

تعليمات

a) اشطف الباذنجان. قطع شريحة من نهاية واحدة. اصنعي شقًا واسعًا وملحهم. طماطم منزوعة البذور. اقطعها جيدًا.

b) نقطع البصل إلى شرائح رفيعة. قطع فصوص الثوم. ضعيهم في مقلاة بزيت جوز الهند.

c) أضيفي الطماطم والبقدونس والملح والكمون والفلفل والفلفل الحار واللحم المفروم. مقلي لمدة 10 دقائق.

d) اعصري الباذنجان حتى يخرج العصير المر. نملأ الفتحة الواسعة بخليط اللحم المفروم. نسكب المزيج المتبقي فوقه. سخني الفرن إلى 375 درجة فهرنهايت في هذه الأثناء.

e) ضعي الباذنجان في صينية الخبز. رشهم بزيت الزيتون وعصير الليمون وكوب واحد من الماء.

f) قم بتغطية المقلاة بورق الألمنيوم.

فلفل أحمر محشو باللحم البقري

مكونات

- 6 حبات فلفل أحمر
- ملح للتذوق
- 1 رطل لحم بقري مفروم
- 1/3 كوب بصل مفروم
- الملح والفلفل حسب الذوق
- 2 كوب طماطم مقطعة
- 1/2 كوب أرز بني غير مطبوخ أو
- 1/2 كوب ماء
- 2 كوب شوربة طماطم
- الماء حسب الحاجة

تعليمات

a) يُسلق الفلفل في الماء المغلي لمدة 5 دقائق ثم يُصفى.

b) نرش الملح داخل كل حبة فلفل، ونتركها جانبًا. في مقلاة، يُقلى البصل واللحم البقري حتى ينضج اللحم. استنزاف الدهون الزائدة. يتبل بالملح والفلفل. يُضاف الأرز والطماطم ونصف كوب ماء. يغطى، ويترك على نار خفيفة حتى ينضج الأرز. ازالة من الحرارة. ضجة في الجبن.

c) سخني الفرن إلى 350 درجة فهرنهايت. احشي كل حبة فلفل بخليط الأرز ولحم البقر. ضع الفلفل مفتوح الجانب في طبق الخبز. يُمزج حساء الطماطم مع كمية كافية من الماء لجعل الحساء متماسكًا في وعاء منفصل.

d) صب فوق الفلفل.

e) اخبزيها مغطاة لمدة 25 إلى 35 دقيقة.

سوبر جولاش

يخدم 4-6

مكونات

- • 3 أكواب قرنبيط
- 1 رطل لحم بقري مفروم •
- 1 بصلة متوسطة، مفرومة •
- ملح للتذوق
- • الفلفل الأسود المطحون حسب الرغبة
- الثوم حسب الذوق
- • 2 كوب فاصوليا مطبوخة
- • 1 كوب معجون طماطم

يُحمر اللحم المفروم والبصل في مقلاة على نار متوسطة. استنزاف الدهون. أضف الثوم والملح والفلفل حسب الرغبة.

يُضاف القرنبيط والفاصوليا ومعجون الطماطم. اطبخي حتى ينضج القرنبيط.

فريجول شاروس

يخدم 4-6

مكونات

- • 1 رطل من فاصوليا البينتو الجافة
- • 5 فصوص من الثوم، مفرومة
- • 1 ملعقة صغيرة. ملح
- • 1/2 رطل من لحم الخنزير، مقطع إلى مكعبات
- • 1 بصلة، مفرومة & 2 طماطم طازجة، مقطعة إلى مكعبات
- • القليل من حبات فلفل الهالابينو المقطعة
- • 1/3 كوب كزبرة مفرومة

تعليمات

a) ضعي حبوب البينتو في طنجرة بطيئة. تغطية بالماء. اخلطي الثوم والملح. يغطى ويطهى لمدة ساعة على نار عالية.

b) يُطهى لحم الخنزير في مقلاة على نار عالية حتى يصبح لونه بنياً. استنزاف الدهون. ضع البصل في المقلاة. طهي حتى تصبح طرية. مزيج في الهالابينو والطماطم. طهي حتى يسخن. نقل إلى طباخ بطيء ويقلب في الفول. استمر في الطهي لمدة 4 ساعات على المستوى المنخفض. أضيفي الكزبرة إلى الخليط قبل نصف ساعة من نهاية وقت الطهي.

كاتشياتور الدجاج

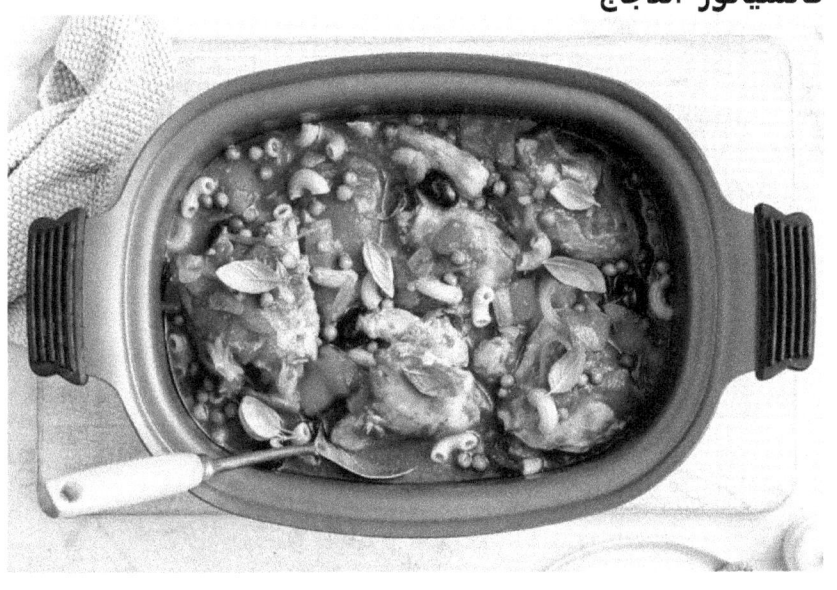

يخدم 8

مكونات

- أربعة أرطال من أفخاذ الدجاج، مع الجلد
- 2 ملعقة كبيرة. البكرزيتونزيتاأوأفوكادوزيت
- ملح
- 1 بصل شرائح
- 1/3 كوب نبيذ أحمر
- 1 حبة فلفل أحمر أو أخضر شرائح
- 8 أونصات من شرائح الفطر الكريميني
- 2 فصوص ثوم مقطعة
- 3 أكواب طماطم مقشرة ومقطعة
- 1/2 ملعقة صغيرة. الفلفل الأسود المطحون
- 1 ملعقة صغيرة. التوابل الناشفة
- 1 ملعقة صغيرة. زعتر جاف
- 1 غصن روزماري طازج
- 1 ملعقة كبيرة. البقدونس الطازج

تعليمات

a) يربت الدجاج من جميع الجوانب بالملح. سخني زيت الزيتون في مقلاة على نار متوسطة. قم بتحمير عدد قليل من قطع الدجاج بحيث يكون الجلد لأسفل في المقلاة (لا تتكدس) لمدة 5 دقائق، ثم قم بقلبها. اجلس جانبا. تأكد من أن لديك 2 ملعقة كبيرة. من الدهون المقدمة المتبقية.

b) أضف البصل والفطر والفلفل إلى المقلاة. زيادة الحرارة إلى متوسطة عالية. يُطهى حتى ينضج البصل مع التحريك لمدة 10 دقائق تقريبًا. أضيفي الثوم واطهيه لمدة دقيقة أخرى.

c) أضف النبيذ. اكشط أي قطع ذات لون بني واتركها على نار خفيفة حتى يقل حجم النبيذ بمقدار النصف. أضيفي الطماطم والفلفل والأوريجانو والزعتر وملعقة صغيرة. من الملح. يُطهى على نار خفيفة بدون غطاء لمدة 5 دقائق أخرى. ضعي قطع الدجاج فوق الطماطم، بحيث يكون جانب الجلد لأعلى. خفض الحرارة. قم بتغطية المقلاة بغطاء موارب قليلاً.

d) اطبخي الدجاج على نار خفيفة. تحول و baste من وقت لآخر. أضيفي إكليل الجبل واطهيه حتى ينضج اللحم، لمدة 30 إلى 40 دقيقة. يُزيّن بالبقدونس.

ملفوف مطهي باللحم

يخدم 8

مكونات

- • 1-1/2 رطل لحم بقري مفروم
- • 1 كوب مرقة لحم بقري
- • 1 بصلة مفرومة
- • 1 ورقة غار
- • 1/4 ملعقة صغيرة. الفلفل
- • 2 ضلع كرفس مقطع
- • 4 أكواب من الملفوف المقطع
- • 1 جزرة، مقطعة إلى شرائح
- • 1 كوب معجون طماطم
- • 1/4 ملعقة صغيرة. ملح

تعليمات

a)   اللحم المفروم البني في وعاء. أضيفي مرق اللحم والبصل والفلفل وورق الغار. يُغطى ويُترك على نار خفيفة حتى ينضج (حوالي 30 دقيقة). أضف الكرفس والملفوف والجزر.

b)   يغطى ويترك على نار خفيفة حتى تنضج الخضار. مزيج في معجون الطماطم ومزيج التوابل. يُطهى على نار خفيفة بدون غطاء لمدة 20 دقيقة.

يخنة لحم البقر مع البازلاء والجزر

يخدم 8

مكونات

- • 1-1/2 كوب جزر مقطع •
- 1 كوب بصل مفروم
- • 2 ملعقة كبيرة.جوزة الهندزيت
- 1-1/2 كوب بازلاء خضراء
- 4 أكواب مرق لحم
- 1/2 ملعقة صغيرة. ملح
- • 1/4 ملعقة صغيرة. الفلفل الأسود المطحون
- 1/2 ملعقة صغيرة. ثوم مفروم
- 4 جنيه لحم مشوي خالي من العظم

تعليمات

a) يُطهى البصل في زيت جوز الهند على نار متوسطة حتى يصبح طريًا (بضع دقائق). أضف جميع المكونات الأخرى وحركها.

b) يغطى ويطهى على نار خفيفة لمدة ساعتين. يُمزج دقيق اللوز مع القليل من الماء البارد ويُضاف إلى الحساء ويُطهى لمدة دقيقة أخرى.

مرق الدجاج الأخضر

يخدم 6-8

مكونات

- • 1-1/2 كوب من زهور البروكلي
- • 1 كوب أعواد كرفس مقطعة
- • 1 كوب كراث مقطع
- 2 ملعقة كبيرة.جوزة الهندزيت
- • 1-1/2 كوب بازلاء خضراء
- • 2 كوب مرقة دجاج
- • 1/2 ملعقة صغيرة. ملح
- • 1/4 ملعقة صغيرة. الفلفل الأسود المطحون
- • 1/2 ملعقة صغيرة. ثوم مفروم
- • 4 جنيه قطع دجاج منزوعة الجلد والعظم

تعليمات

a) اطهي الكراث في زيت جوز الهند على نار متوسطة حتى يصبح طريًا (بضع دقائق). أضف جميع المكونات الأخرى وحركها.

b) يغطى ويطهى على نار خفيفة لمدة 1 ساعة. يُمزج دقيق اللوز مع القليل من الماء البارد ويُضاف إلى الحساء ويُطهى لمدة دقيقة أخرى.

الحساء الأيرلندي

يخدم 8

مكونات

- 2 بصل مفروم
- 2 ملعقة كبيرة.جوزة الهندزيت
- 1 غصن زعتر مجفف
- 2 1/2 رطل لحم مفروم من رقبة الخروف
- 6 جزر مقطعة
- 2 ملعقة كبيرة. أرز بني
- 5 أكواب مرقة دجاج
- ملح
- فلفل أسود مطحون
- 1 باقة جرني (زعتر، بقدونس، وورق الغار)
- 2 حبة بطاطا حلوة مقطعة
- 1 باقة بقدونس مفرومة
- 1 حفنة من الثوم المعمر

تعليمات

a) يُطهى البصل في زيت جوز الهند على نار متوسطة حتى ينضج. أضيفي الزعتر المجفف ولحم الضأن وقومي بالتقليب. أضيفي الأرز البني والجزر ومرق الدجاج. أضف الملح والفلفل وباقة جارني. يغطى ويطهى على نار خفيفة لمدة ساعتين. ضعي البطاطا الحلوة فوق الحساء واطهيها لمدة 30 دقيقة حتى يتفتت اللحم.

b) يُزيّن بالبقدونس والثوم المعمر.

يخنة البازلاء المجرية

يخدم 8

مكونات

- • 6 أكواب بازلاء خضراء
- • 1 رطل لحم خنزير مقطع مكعبات
- • 2 ملعقة كبيرةزيتونزيت أوأفوكادوزيت
- • 3 1/2 ملعقة كبيرةلوزدقيق
- • 2 ملعقة كبيرة بقدونس مفروم
- • 1 كوب ماء
- • 1/2 ملعقة صغيرة ملح
- • 1 كوب حليب جوز الهند
- • 1 ملعقة صغيرة سكر جوز الهند

تعليمات

a)   يُطهى لحم الخنزير والبازلاء الخضراء في زيت الزيتون على نار متوسطة حتى يصبح طريًا تقريبًا (حوالي 10 دقائق).

b)   يُضاف الملح والبقدونس المفروم وسكر جوز الهند ودقيق اللوز ويُطهى لمدة دقيقة أخرى.

c)   أضيفي الماء ثم الحليب وحركي.

d)   يُطهى لمدة 4 دقائق أخرى على نار خفيفة مع التحريك من حين لآخر.

مكونات

- • 5 كيلو قطع دجاج منزوعة الجلد والعظم
- 3 ملاعق كبيرة. الفلفل الحلو المحمص
- 2 ملعقة كبيرة. بذور الكزبرة المطحونة المحمصة
- 12 فص ثوم مفروم
- 3 ملاعق كبيرة. زنجبيل طازج مقطع
- 2 كوب زبادي
- 3/4 كوب عصير ليمون (4 إلى 6 ليمونات)
- 1 ملعقة صغيرة. ملح البحر
- 4 ملاعق كبيرة.جوزة الهندزيت
- 1 بصل شرائح
- 4 أكواب طماطم مقطعة
- 1/2 كوب كزبرة مفرومة
- 1 كوب كريمة جوز الهند

a) يُقطع الدجاج بعمق على مسافة 1 بوصة بسكين. ضعي الدجاج في طبق خبز كبير.

b) ضعي الكزبرة، والكمون، والبابريكا، والكركم، والفلفل الحار في وعاء واخلطيهم. توضع جانبا 3 ملاعق كبيرة. من خليط التوابل هذا الجمع بين ما تبقى من 6 ملاعق كبيرة. خليط التوابل مع 8 فصوص ثوم، ثوم، زبادي، 2 ملعقة كبيرة. الزنجبيل، 1/4 كوب ملح، 1/2 كوب عصير ليمون في وعاء كبير ويجمعون. نسكب التتبيلة فوق قطع الدجاج.

c) سخني زيت جوز الهند في وعاء كبير على نار متوسطة إلى عالية وأضيفي ما تبقى من الثوم والزنجبيل. أضف البصل. يُطهى لمدة 10 دقائق تقريبًا مع التحريك من حين لآخر. يُضاف خليط التوابل المحفوظ ويُطهى حتى تفوح رائحته لمدة نصف دقيقة تقريبًا. اكشطي أي قطع بنية من قاع المقلاة وأضيفي الطماطم ونصف كمية الكزبرة. ينضج لمدة 15 دقيقة. دعها تبرد قليلاً وهرسها.

d) أضيفي كريمة جوز الهند وربع كوب عصير الليمون المتبقي. يتبل بالملح حسب الرغبة ويترك جانباً حتى ينضج الدجاج.

e) طهي الدجاج على الشواية أو تحت الشواية.

f) نخرج الدجاج من العظم ونقطعه إلى قطع خشنة الحجم. أضيفي قطع الدجاج إلى وعاء الصلصة. يُغلى المزيج على نار متوسطة ويُطهى لمدة 10 دقائق تقريبًا.

يخنة لحم البقر اليونانية (ستيفادو)

يخدم 8

مكونات

- • 4 قطع كبيرة من لحم العجل أو لحم البقر أوسو بوكو
- • 20 حبة جزر كاملة، مقشرة
- • 3 أوراق الغار
- • 8 فصوص ثوم
- • 3 أغصان إكليل الجبل
- • 6 حبات بيمينتو كاملة
- • 5 فصوص كاملة
- • 1/2 ملعقة صغيرة جوزة الطيب مطحونة
- • 1/2 كوبزيتونزيت أوأفوكادوزيت
- • 1/3 كوب خل التفاح
- • 1 ملعقة كبيرة. ملح
- • 2 كوب معجون طماطم
- • 1/4 ملعقة صغيرة فلفل أسود

تعليمات

a) يخلط الخل ومعجون الطماطم ويترك جانباً. ضعي اللحم والكراث والثوم وجميع البهارات في الوعاء.

b) أضيفي معجون الطماطم والزيت والخل. غطي القدر واتركيه حتى يغلي على نار خفيفة واتركيه على نار خفيفة لمدة ساعتين .لا تفتحه وتحركه، فقط قم بهز الوعاء من حين لآخر.

c) يقدم مع الأرز البني أو ربما الكينوا.

يخنة اللحم مع الفاصوليا الحمراء

يخدم 8

مكونات

- 3 ملاعق كبيرة.زيتونزيت أوأفوكادوزيت
- 1/2 بصلة مفرومة
- 1 رطل من لحم البقر المفروم قليل الدهن
- 2 ملعقة صغيرة. الكمون المطحون
- 2 ملعقة صغيرة. الكركم المطحون (اختياري)
- 1/2 ملعقة صغيرة. قرفة مطحونة (اختياري)
- 2 1/2 كوب ماء
- 5 ملاعق كبيرة. البقدونس الطازج المفروم
- 3 ملاعق كبيرة. الثوم المعمر المقطوع
- 2 كوب فاصوليا مطبوخة
- 1 ليمونة، عصير
- 1 ملعقة كبيرة.لوزدقيق
- الملح والفلفل الأسود

تعليمات

a) يُقلى البصل في مقلاة مع ملعقتين كبيرتين من زيت الزيتون حتى يذبل.

b) أضيفي اللحم البقري واطهيه حتى ينضج اللحم من جميع الجوانب. يُضاف الكركم والقرفة (كلاهما اختياري) والكمون ويُطهى لمدة دقيقة واحدة. أضف الماء واجعله يغلي.

c) يغطى ويترك على نار خفيفة على نار خفيفة لمدة 45 دقيقة. يقلب من حين لآخر. يُقلى البقدونس والثوم المعمر مع 1 ملعقة كبيرة متبقية. من زيت الزيتون لمدة دقيقتين تقريباً ثم يضاف هذا الخليط إلى اللحم البقري. أضيفي الفاصوليا وعصير الليمون وتبلي بالملح والفلفل.

d) ضجة في ملعقة كبيرة. دقيق اللوز الممزوج بقليل من الماء لتكثيف الحساء. يترك على نار خفيفة من دون غطاء لمدة نصف ساعة حتى ينضج اللحم. يقدم مع الأرز البني.

يخنة لحم الضأن والبطاطا الحلوة

يخدم 8

مكونات

- • 1-1/2 كوب معجون طماطم
- • 1/4 كوب عصير ليمون
- • 2 ملعقة كبيرة. خردل
- • 1/2 ملعقة صغيرة. ملح
- • 1/4 ملعقة صغيرة. الفلفل الأسود المطحون
- • 1/4 كوب زبدة اللوز مكتنزة
- • 2 حبة بطاطا حلوة مكعبات
- • 1/2 ملعقة صغيرة. ثوم مفروم
- • 4 جنيه لحم مشوي خالي من العظم

تعليمات

a) في وعاء كبير، اخلطي معجون الطماطم وعصير الليمون وزبدة اللوز والخردل. يُضاف الملح والفلفل والثوم والبطاطا الحلوة المكعبة. ضع تشاك مشوي في طباخ بطيء. يُسكب مزيج الطماطم فوق مشوي تشاك.

b) يغطى ويطهى على نار خفيفة لمدة 7 إلى 9 ساعات.

c) قم بإزالة مشوي تشاك من الطباخ البطيء، وقم بتقطيعه بالشوكة، ثم قم بإعادته إلى الطباخ البطيء. حرك اللحم حتى يغطى بالصلصة بالتساوي. استمر في الطهي لمدة ساعة تقريبًا.

صدر دجاج مشوي

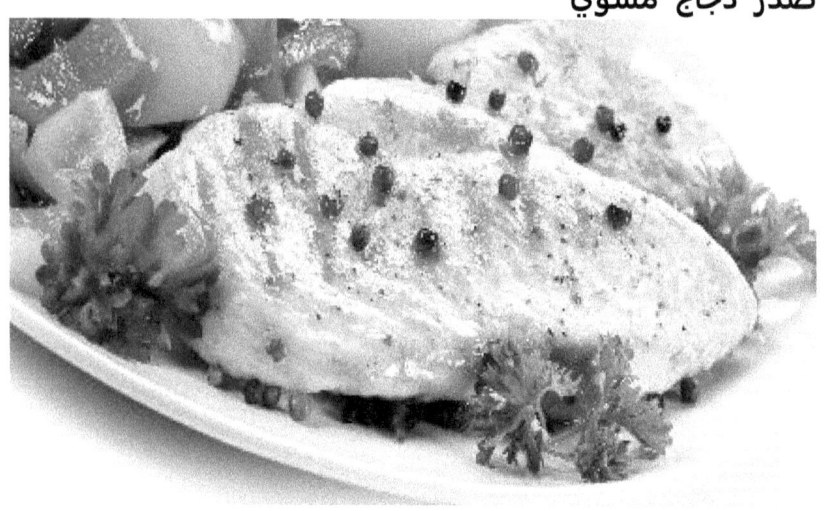

يخدم *10*

مكونات

- • 10 صدور دجاج منزوعة الجلد والعظم
- • 3/4 كوب زبادي قليل الدسم
- • 1/2 كوب ريحان مفروم
- • 2 ملعقة صغيرة. دقيق الارورت
- • 1 كوب شوفان مطحون خشناً

تعليمات

a) ترتيب الدجاج في طبق الخبز. يُمزج الريحان واللبن ودقيق الأرورت. تخلط جيدا وتنتشر على الدجاج.

b) يُمزج دقيق الشوفان مع الملح والفلفل حسب الرغبة ويُرش فوق الدجاج.

c) يُخبز الدجاج في الفرن على حرارة 375 درجة لمدة نصف ساعة. يجعل 10 حصص.

دجاج مشوي مع الروزماري

يخدم 6-8

- • 1 (3 رطل) دجاجة كاملة، مغسولة ومنزوعة الجلد
- • الملح والفلفل حسب الذوق
- • 1 بصلة، مقطعة أرباع
- • 1/4 كوب روزماري مفروم

تعليمات

a) سخني الفرن إلى 350 درجة فهرنهايت. رش الملح والفلفل على اللحوم. احشيها بالبصل وإكليل الجبل.

b) ضعيها في طبق الخبز واخبزيها في الفرن المسخن مسبقاً حتى ينضج الدجاج.

c) اعتمادًا على حجم الطائر، سيختلف وقت الطهي.

كارني أسادا

تعليمات

اخلطي الثوم والهلابينو والكزبرة والملح والفلفل معًا لعمل عجينة. ضع المعجون في وعاء. أضيفي الزيت وعصير الليمون وعصير البرتقال. يهز حتى الجمع. استخدمه كصلصة لحم البقر أو كتوابل للمائدة. ضعي شريحة اللحم في طبق الخبز واسكبي فوقها التتبيلة. برد لمدة تصل إلى *8* ساعات. أخرجي شريحة اللحم من التتبيلة وتبليها من الجانبين بالملح والفلفل. قم بشوي (أو شواء) شريحة اللحم لمدة *7* إلى *10* دقائق لكل جانب، مع التقليب مرة واحدة، حتى تصبح متوسطة النضج. ضعي شريحة اللحم على لوح التقطيع واتركي العصير يستقر (*5* دقائق). قطع شريحة لحم رقيقة عبر الحبوب.

سيوبينو

6 خدمات

مكونات

- • 3/4 كوب جوزة الهندزيت
- • 2 بصل، مفروم
- • 2 فص ثوم، مفروم
- • 1 باقة بقدونس طازجة، مفرومة
- • 1.5 كوب طماطم مطهية
- • 1,5 كوب مرق دجاج
- • 2 ورق غار
- • 1 ملعقة كبيرة. الريحان المجفف
- • 1/2 ملعقة صغيرة. زعتر مجفف
- • 1/2 ملعقة صغيرة. توابل المجففة
- • 1 كوب ماء
- • 1-1/2 كوب نبيذ أبيض
- • 1-1/2 كيلو جمبري كبير الحجم مقشر ومنزوع العروق
- • 1-1/2 رطل من اسكالوب الخليج
- • 18 حبات محار صغيرة
- • 18 بلح البحر منظّف ومنزوع اللحى
- • 1-1/2 كوب لحم السلطعون
- • 1-1/2 رطل من شرائح سمك القد، مقطعة إلى مكعبات

تعليمات

a) على نار متوسطة، أذيبي زيت جوز الهند في قدر كبيرة وأضيفي البصل والبقدونس والثوم. يُطهى ببطء مع التحريك من حين لآخر حتى ينضج البصل. أضف الطماطم إلى الوعاء. يُضاف مرق الدجاج والأوريجانو وأوراق الغار والريحان والزعتر والماء والنبيذ. اخلط جيدا.

b) يغطى ويترك على نار خفيفة لمدة 30 دقيقة. يُضاف الجمبري والاسكالوب والمحار وبلح البحر ولحم السلطعون. ضجة في الأسماك. وصل الى درجة الغليان. خففي الحرارة وغطيها واتركيها على نار خفيفة حتى تتفتح المحار.

السمك المفلطح مع جوز الهند البرتقالي

6 خدمات

مكونات

- • 31/2 رطل. تخبط
- • 3 ملاعق كبيرة. النبيذ الأبيض
- • 3 ملاعق كبيرة. عصير ليمون
- • 3 ملاعق كبيرة.جوزة الهندزيت
- • 3 ملاعق كبيرة. بَقدونس
- • 1 ملعقة صغيرة. فلفل اسود
- • 2 ملعقة كبيرة. تلذذ البرتقال
- • 1/2 ملعقة صغيرة. ملح
- • 1/2 كوب بصل أخضر مقطع

تعليمات

a) سخني الفرن إلى 325 درجة فهرنهايت. يرش السمك بالفلفل والملح.

b) ضعي السمك في طبق الخبز. نرش قشر البرتقال فوق السمك. نذوب ما تبقى من زيت جوز الهند ونضيف البقدونس والبصل الأخضر إلى زيت جوز الهند ونسكبه فوق السمك المفلطح. ثم أضف النبيذ الأبيض.

c) ضعيها في الفرن واخبزيها لمدة 15 دقيقة. يُقدم السمك مع المزيد من العصير على الجانب.

سلمون مشوي

يخدم 4

مكونات

- • 4 (4 أونصة) فيليه سمك السلمون
- • 1/4 كوبجوزة الهندزيت
- • 2 ملعقة كبيرة. صلصة السمك
- • 2 ملعقة كبيرة. عصير ليمون
- • 2 ملعقة كبيرة. بصل أخضر مقطع إلى شرائح رفيعة
- • 1 فص ثوم مفروم و3/4 ملعقة صغيرة. جنزبيل مطحون
- • 1/2 ملعقة صغيرة. رقائق الفلفل الأحمر المطحونة
- • 1/2 ملعقة صغيرة. زيت السمسم
- • 1/8 ملعقة صغيرة. ملح

تعليمات

a) يُمزج زيت جوز الهند مع صلصة السمك والثوم والزنجبيل ورقائق الفلفل الأحمر الحار وعصير الليمون والبصل الأخضر وزيت السمسم والملح. ضعي السمك في طبق زجاجي، ثم اسكبي فوقه التتبيلة.

b) يغطى ويبرد لمدة 4 ساعات.

c) تسخين الشواية. ضع السلمون على الشواية. شواء حتى يصبح السمك طريا. بدوره في منتصف الطريق أثناء الطهي.

خاتمة

بينما نختتم رحلتنا الطهوية عبر "نكهات الصحة: كتاب طبخ قليل الدسم"، نأمل أن تكون قد كشفت عن التقاطع الرائع بين الأكل الصحي والمأكولات اللذيذة. الوصفات التي استكشفتها هنا ليست مجرد شهادة على فن الطبخ قليل الدسم؛ إنهم احتفال بالانسجام بين التغذية والنكهة.

أتمنى أن تلهمك النكهات التي اكتشفتها في هذه الصفحات لاتخاذ خيارات صحية في طبخك اليومي. سواء كنت تتخذ خطوات صغيرة نحو أسلوب حياة قليل الدهون أو تتقبله بالكامل، فاعلم أن كل وجبة هي فرصة لتغذية جسمك وإسعاد حواسك.

شكرًا لك على السماح لنا بأن نكون جزءًا من مغامرتك الطهوية. بينما تستمر في استكشاف عالم الطبخ قليل الدسم، قد تقربك كل قضمة من حياة مليئة بالصحة والحيوية ومتعة تذوق الطعام اللذيذ الذي يحبك.

Milton Keynes UK
Ingram Content Group UK Ltd.
UKHW021038101023
430300UK00017B/309

9 781835 641316